高校英语翻译教学创新研究

关晓云◎著

吉林出版集团股份有限公司

全国百佳图书出版单位

图书在版编目（CIP）数据

高校英语翻译教学创新研究 / 关晓云著 . –– 长春：
吉林出版集团股份有限公司 , 2023.8
ISBN 978-7-5731-4285-6

Ⅰ . ①高… Ⅱ . ①关… Ⅲ . ①英语－翻译－教学研究
－高等学校 Ⅳ . ① H315.9

中国国家版本馆 CIP 数据核字（2023）第 180461 号

高校英语翻译教学创新研究

GAOXIAO YINGYU FANYI JIAOXUE CHUANGXIN YANJIU

著　　者　关晓云
责任编辑　赵　萍
封面设计　李　伟
开　　本　710mm×1000mm　　　1/16
字　　数　210 千
印　　张　11.75
版　　次　2023 年 8 月第 1 版
印　　次　2024 年 1 月第 1 次印刷
印　　刷　天津和萱印刷有限公司

出　　版　吉林出版集团股份有限公司
发　　行　吉林出版集团股份有限公司
地　　址　吉林省长春市福祉大路 5788 号
邮　　编　130000
电　　话　0431-81629968
邮　　箱　11915286@qq.com
书　　号　ISBN 978-7-5731-4285-6
定　　价　75.00 元

作者简介

关晓云　女，毕业于大连外国语大学，英语语言文学专业，本科学历，硕士学位，现在大连海洋大学任讲师，研究方向为翻译研究，主编《大学英语跨文化交际教程》全国普通高等教育十二五规划教材（外文出版社 2014 年 3 月）。

前　言

　　翻译是将一种语言信息转化为另一种语言信息的行为，核心在于确保信息的准确性和流畅性。翻译活动是人类交际的一个重要组成部分，是将一种相对生疏的表达方式转化为一种相对熟悉的表达方式的复杂过程。从本质上讲，它是两种不同文化之间进行交流的重要手段和途径之一。该篇文章所包含的内容涵盖了语言、文字、图像以及符号的翻译。从交际功能和语用意义来说，它可以分为"翻"与"译"两个方面。"翻"指的是对话过程中的语言转换，而"译"则是指单向陈述的语言转换。所谓双向交换就是把对方的思想和观点传递给自己。"翻"是一种即时的语言转换方式，通过将一句甲语转换为一句乙语，再将一句乙语转换为一句甲语，最终再将一句乙语转换为甲语，从而实现了两种语言之间的转换。"译"则是将句子转换成另一种语言表达。这是一种交替使用的语言或信息转换方式，以交替的形式呈现。这种言语行为通常被称为"翻述"。"译"是指用另一种语言表达出说话人的意图和目的。"翻译"是一种单向的语言表达方式，它允许说话者保持沉默，而听者则只听不答，这两者之间存在着一种双语交流的关系，即为说话者提供语言转换服务。

　　翻译是一种语言活动，范围极其广泛，涉及人们生活的方方面面，如引进外国的家用电器、医药食品、护肤化妆品等需要翻译其使用说明书；撰写论文时要摘译一些国外文献、书籍的部分篇章或段落；随着国际交往的日益增多和科学技术的迅猛发展，对翻译的要求越来越高。翻译要求译者不仅要拥有扎实的外语基本功，还要拥有本国语的语言基础和丰富的文化知识。

　　本书的主要内容为高校英语翻译教学创新研究。第一章主要为绪论，分为四个部分，第一节介绍了英语翻译的内涵，第二节介绍了英语翻译的发展历程，第三节介绍了英语翻译的相关理论，第四节则介绍了英语翻译学习的重要性；第二章的主要内容为英语翻译教学的发展历程，介绍了三个方面的内容，依次是英语翻译教学概述、英语翻译教学的改革趋势、英语翻译教学的现状；第三章的主要内容为英语翻译技巧训练，介绍了两方面的内容，第一节为英语翻译的表达技巧训练，第二节为英语翻译的写作技巧训练；第四章的内容为高校英语翻译教学模式创新，主要包括四个方面，依次是高校英语翻译的翻转课堂教学模式、高校英语翻译的慕课教学模式、高校英语翻译的微课教学模式、高校英语翻译的混合教学模式；第五章主要介绍了跨文化语境下高校英语翻译教学创新，包括三个方面，依次是跨文化概述、跨文化语境下高校英语翻译教学创新路径、高校学生跨文化交际能力培养。

本书内容系统全面，论述条理清晰、深入浅出，适合英语翻译相关专业的学生、中小学教师、中小学生家长阅读。在撰写本书的过程中，作者得到了许多专家学者的帮助和指导，参考了大量的学术文献，在此表示真诚感谢！

限于作者的水平有不足，加之时间仓促，书中难免存在一些疏漏，在此，恳请各位同行专家和读者朋友们进行批评指正！

关晓云

2023 年 3 月

目 录

第一章 绪论

英语翻译对于我们促进世界沟通交流具有重要的作用，可以让我们与世界各地的人们进行很好的了解，顺利地完成沟通与合作。本章的主要内容是绪论，分别从四个方面进行论述，依次是英语翻译的内涵、英语翻译的发展历程、英语翻译的相关理论、英语翻译学习的重要性。

第一节 英语翻译的内涵

一、英语翻译的定义

翻译有广义与狭义之分。广义的翻译指方言与民族共同语、方言与方言、古语和现代语、语言与非语言之间的信息转换。这个概念的外延是相当宽泛的，它包括不同语言间的翻译、语言变体间的翻译和语言与其他交际符号的转换。广义的翻译主要强调基本信息的转换，不强调完全忠实原文。广义的翻译也被称作"符际翻译"。

狭义的翻译一般是指语际翻译，即用语言符号解释另一种语言，诸如英译汉、汉译英、法译英等不同语言之间进行的翻译。

二、英语翻译的类别

第一，按照工作方式，翻译可分为口译、笔译、机器翻译和机助翻译。口译又可分为连续翻译和同声传译。机器翻译是现代语言学和现代科技的结合产物，有望在某些领域取代人工翻译。

第二，根据内容题材，翻译可分为文学翻译和实用翻译。文学翻译包括诗歌、小说、戏剧、散文以及其他文学作品的翻译，着重情感内容、修辞特征以及文体风格的传达；而实用翻译包括科技资料、公文、商务或其他资料的翻译，强调实际内容的表达。

第三，根据处理方式，翻译可分为全译、摘译、缩译、节译和编译。

第四，根据所涉及的两种代码的性质，翻译可分为语内翻译、语际翻译和符际翻译。

第五，根据所涉及的语言，翻译可分为外语译成母语和母语译成外语，如英译汉、汉译英。

除了以上所列几种划分方法之外，在实际运用中还有许多具体的分类法。本书中所讲的翻译，主要是从狭义翻译（语际翻译）的意义上来谈的，特别是指英汉语言的翻译。

三、英语翻译的标准

翻译的标准一直是翻译界经常讨论并十分关注的问题，也是翻译理论研究和探讨的中心课题。只有明确了解翻译的标准，翻译实践中才能有章可循、有法可依，才能够客观地衡量译文水平的高低和译文水平的优劣。

（一）翻译标准的内涵

翻译的标准是指导翻译实践的准绳和衡量译文优劣的尺度。在翻译实践中，对于译者来说有一个可以遵循的准则，而对于译文的质量而言，也就有了一个衡量的尺度。关于翻译的标准，古今中外的翻译家和翻译理论家有过许多的论述。这些有一个共同点，即要尽可能忠实、准确地运用恰当的译文语言形式，把原文的思想内容、风格、神韵等再现出来，尽可能使译文读者获得与原文读者同样的感受。

下面简要介绍国内外具有影响的有关翻译标准的论述：

早在唐代，我国古代佛经翻译家玄奘就提出"既须求真，又须喻俗"的翻译标准，意即"忠实、通顺"，这一翻译标准直到今天，仍有一定的指导意义。

在19世纪末，著名的翻译家严复提出了"信、达、雅"的翻译准则，这一标准对于后世的翻译产生了深远的影响。在严复的《天演论》中，他阐述了"信、达、雅"这一准则，并提出了以下主要观点：

译事三难：信、达、雅。求其信，已大难矣！顾信矣，不达，虽译，犹不译也，则达尚焉。由于译文的深义性，因此在词句之间有时会产生颠倒的附加效应，使得不斤斤与字比句次的表达方式不同，但其意义却与本文所述完全不同。

假令仿此（西文句法）为译，则恐必不可通，则删削取径，又恐意义有漏。此在译者将全文神理，融会于心，则下笔抒词，自善互备。至原文词理本深，难于共喻，则当前后引衬，以显其意。凡此经营，皆以为达；为达即所以为信也。

《易》曰：修辞立诚。子曰：辞达而已。又曰：言之无文，行之不远。三者乃文章正轨，亦即为译事楷模。

故信、达而外，求其而雅。

根据所见，严复在提出翻译标准时，曾对信、达、雅三个方面进行了详尽的阐述。

就"信"而言，严复主张，翻译应当准确把握全文的主旨，对于每一句话都可以进行适当的修改和删减，只要保持原意不受影响，就不必过于纠结于词句的对应和次序。

就"达"而言，严复认为，只有通过实际行动才能达到真正的信，因为只有通过实际行动才能实现真正的信。达意与达情是相通的，都是通过译文传达出作者想表达的意思。为了达到预期的翻译效果，翻译者必须对全文进行仔细的阅读和深入的理解，以达到融会贯通的境界，然后才能进行翻译。译文应尽可能接近原文，但又不拘泥于原文中的意思。为了准确地传达原意，我们可以对词句进行必要的调整和修改。

就"雅"而言，严复主张，翻译必须具备优雅之风，否则无人可窥其奥妙。这就把翻译与文化联系起来了。雅指古雅，应用汉代前文言文。

严复的信、达、雅翻译标准，不仅因其简洁凝练，层次分明而震动了当时的译界，而且流传至今已逾百年仍为许多译者所喜爱，可见其生命力。

在 20 世纪 30 年代，鲁迅提出了信和顺的翻译标准。鲁迅在《且介亭文集》中指出，凡是翻译，必须力求易解并保存原作的风姿，实际上就是一种在直、意译完美结合中而获得的信与雅的理想状态。当然，鲁迅比较强调直译，反对归化，倡导译文应具有异国情调，就是所谓的洋气。

林语堂的三条翻译标准为忠实、通顺和美。这是在他为吴曙天编选的《翻译论》一书所撰写的序《论翻译》中提出来的。林语堂的"美"的标准显然比"雅"的含义要更广一些，并且更合适一些。

（二）西方较有影响力的翻译标准

翻译在西方的发展不仅与社会生活息息相关，而且翻译实践与翻译理论密切相关。西方翻译理论界对翻译标准的研究也有许多成果，对我国翻译界影响较大的主要有泰特勒（英国）、安诺德（英国）和奈达（美国）等几位所提出的翻译标准。

1. 泰特勒的翻译标准

18 世纪末，英国的翻译理论家、爱丁堡大学的历史学教授泰特勒在《翻译的原则》一书中所阐述的三大准则中，强调了译文必须完整地呈现原文所蕴含的思想内涵；译文的文体和文笔应当与原文的本质相符合；译文要符合语言习惯和读者的阅读习惯；译文应该是如原文那样的流畅和自然。

泰特勒强调的是译文与原文在思想、风格、笔调、行面的一致，而非只注重原文的语言特征。他的观点也许正是现代译论中主张翻译以"信"为本的依据。

2. 阿诺德的翻译标准

在 19 世纪，英国诗人和批评家阿诺德也主张译者应与原文化而为一，才能产生良好的译文。他发表了《评荷马史诗的译本》一文，这篇论文是翻译思想史上一个重要文件。

3. 奈达的翻译标准

美国的奈达（一位当代西方的翻译理论家），主张将翻译的重点放在译文读者的反应上，并将译文读者对译文的反应与原文读者对原文可能产生的问题进行对比。他认为，翻译的实质就是再现信息，判断译作是否评得正确，必须以译文的服务对象为衡量标准，即必须以译文读者与原文读者对所接收的信息能否作出基本一致的反应为依据。他结合现代信息传递理论，强调译文至少要使读者能够理解，这是翻译最低的标准，如果不能令人看懂的译文，就谈不到忠实。他主张，衡量翻译品质的标准不仅在于所翻译的词汇是否易于理解、句子是否符合语法规则，更在于整个翻译过程如何激发读者的情感反应。从这个角度来判断翻译的正确性，正确的译文就不止一种了。为了使不同水平的读者能正确理解文章内容，就要作出几种不同水平的翻译，因而在词汇和语法结构等方面，就要相应调整译文的难度和风格。因此，奈达主张译出各种不同的供选择的译文，让读者检验译文是否明白易懂，所以一个好的译者总是要考虑对同一句话或一段文章的各种不同的译法。从理论研究角度，这样的主张颇有道理，但在翻译实践中却很难办到。

奈达关于翻译标准的论述被概括为忠实原文、易于理解、形式恰当、吸引读者。他把读者因素纳入翻译标准里，是对翻译标准研究的重大贡献。

四、英语翻译的准备与过程

翻译是运用两种语言的复杂过程，它包括正确理解原文和准确运用另一种语言再现原文的思想内容、感情、风格。由于翻译工作的复杂性，适当的准备工作是不可缺少的。通过准备，可以使翻译顺利进行。

（一）英语翻译的准备

翻译应该进行必要的准备，正式开始翻译之前，主要精力应放在查询相关资料，以便能对原作及其作者有大概的了解。同时，为了保证质量和节省时间，还应熟悉整个翻译过程可能使用的工具书和参考书。

1. 对作者进行了解

首先，需要了解作者的简略生平、生活时代、政治态度、社会背景、创作意图，个人风格。比如，若要翻译一个作家的一篇小说，为了获得有关作者的一些基本信息，可以阅读作者的传记、回忆录，或者别人写的评传，或者研读文学史、百科全书、知识词典。其次，还可阅读用汉语解说的相同辞书，如《中国大百科全书》、中国大百科全书出版社《辞海》，上海辞书出版社《辞海》（增补本）、上海辞书出版社《简明不列颠百科·全书》、中国百科全书出版社《外国名作家传》，中国社会科学出版社《外国人名辞典》、上海辞书出版社《外国历史名人》。

2. 对相关背景进行了解

背景知识是指与作品的创作、传播及内容有关的知识。在很多情况下，译者尽管能够顺利地辨析句子结构、认清语法关系，但仍然不能准确透彻地理解原文内容。究其原因，往往是由于译者缺乏相关的文化背景知识，及一定的专业知识，因而无法确切地理解原文中的某些词语，致使译文出现错误或者令读者不知所云。

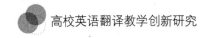

（二）英语翻译的过程

翻译是一个十分繁杂的过程，工作重点是如何准确地理解原文思想，同时又恰当地表达原文意思。换言之，翻译的过程就是译者理解原文，并把这种理解恰当地传递给读者的过程。以下内容将对翻译过程中的理解、表达环节分别作简要论述：

1. 理解环节

（1）翻译中理解的特点

在翻译过程中，理解的目的在于忠实地表达原作的内涵，并尽可能地还原原作的形式之美。由于不同读者在接受同一作者的作品时，认知水平和理解能力存在差异，因而译文必须符合原文的风格特点。因此，对于作品的解读需要比普通阅读中的理解更加深入、更加细致，以便更好地理解其内涵和外延。翻译的理解从宏观上看，要包括原作产生的社会、历史和文化背景；从微观上看，则要细致到词语的语音甚至词形。从某种意义上来说，以翻译为目的的理解比以其他为目的的理解所面临的困难都要多。以消遣为目的的理解无须分析作品的风格，更无须每个词都认识。即使以研究为目的的理解也无须面面俱到，而只是对所关注的内容（如美学价值、史学价值、科学价值、实用价值等）的理解精度要求高一些。

第二，以翻译为目的的理解采用的思维方式不同于一般的理解。一般的理解，其思维方式大都是单语思维，读汉语作品用汉语进行思维，读英语作品就用英语进行思维。为了达到翻译的目的，译者采用了一种双语思维方式，既使用原语进行思考，又使用译入语进行思考，这两种语言在译者的大脑中轮流出现。

第三，以翻译为目的的理解，表达过程的思维方向遵从的是逆向—顺向模式。一般的抽象思维倾向于将概念系统转化为语言系统，而阅读理解中的思维则倾向于将语言系统转化为概念系统，呈现出一种反向的思维模式。一般的阅读，理解语言的概念系统后，任务便完成了，而翻译则要从这个概念系统出发，建构出另一种语言系统。

（2）顺向思维过程

理解是翻译过程的第一步，是表达的前提。这是最关键，也是最容易出问题的一个环节。若不能对原文进行精准而深入的解读，那么我们将无法探讨其所表达的问题。只有通过对原文的分析才能把握其内涵与外延。要深刻理解原文，首先探究其语言现象，其次还需考虑文化背景、逻辑关系、具体语境以及专业知识等多方面因素。

2. 表达环节

表达是翻译的第二步，是实现由原语至译语信息转换的关键。理解是表达的基础，表达是理解的目的和结果。表达好坏取决于对原语的理解程度和译者实际运用和驾驭译语的能力。

理解准确则为表达奠定了基础，为确保译文的科学性创造了条件。但理解准确并不意味着一定能翻译出高质量的译文，这是因为翻译还有其艺术性。而翻译的艺术性则依赖于译者的译语水平、翻译方法和技巧。就译语而言，首先要做到遣词准确无误；其次还要考虑语体、修辞等因素，切忌随便乱译。

第二节 英语翻译的发展历程

有些人主张翻译是一门科学，因为它涉及内在的科学规则和规则。还有人将翻译视为一种技艺，认为只要有熟练的技巧，就能在短时间内完成作品的全部任务。有些人将翻译视为一门艺术，因为翻译就像绘画一样，需要先捕捉客观人物的形态和神态，然后用画笔将其栩栩如生地呈现在画面上。有些人将翻译视为一项技能，因为在其具体的操作过程中，它总是需要运用方法和技巧，这是不可或缺的。但是，总的看来，翻译是一门综合性学科，因为它集语言学、文学、社会学、教育学、心理学、人类学、信息理论、生态学等学科特点于一身，在长期的社会实践中已经拥有了自己的一套抽象的理论、原则和具体方法，形成了自己独立的体系，而且在相当一部分语言材料中这些方法正在逐渐模式化。由此可见，视角的不同可以导致人们对翻译性质认识的差异。

一、中国翻译的发展历程

中华大地孕育了几千年的文明积淀，是一个源远流长的古老国度。到商代时已经形成了以口头语言为主要交际工具的"口语"。据记载，在周代，人们就已经开始从事翻译活动了。到西周时，我国境内已经形成了众多的少数民族群体。在夏商周时期，人们之间的交流互动十分频繁，众多不同的族群和部落在同一片疆域内繁衍生息，形成了一种广泛的聚居现象。据《左传》所载，在周朝的疆域内，存在着十余个部族，其中包括山戎、犬戎、白狄、赤狄等。风俗习惯及宗教信仰上也存在着较大差异。在中原居住的华族和其他不同的族群使用的语言不尽相同。因此，华族和各部落之间的接触交流也是相当频繁的。在饮食、风俗文化等方面，存在着显著的差异和多样性。这表明了他们之间存在着巨大差异。《左传·襄公十四年》记载，"我诸戎饮食衣服，不与华族同，贽币不通，言语不达。"周代是我国历史上第一个统一而强盛的王朝，统治者十分重视翻译工作。若华族欲与多个异族互动，则必得借助翻译之力。在《周礼》和《礼记》中均有记载，周朝的官职翻译事宜在这些文献中得到了详细的阐述。

《后汉书·南蛮传》记载了周代的口译："交趾之南有越裳国。周公居摄六年，制礼作乐，天下和平。越裳以三象重译而献白雉。"象，即翻译官，后专指翻译南方语言的翻译官。

在《说苑·善说》一书中，西汉人刘向记述了鄂君子晰请求翻译《越人歌》的事件，这是我国最早有关笔译的记载之一。从汉代文献来看，当时就已经出现了用汉语书写的诗歌作品。《后汉书·南蛮西南夷列传》中记载有白狼王唐菆写的《慕代诗》三章，即《远夷乐德歌》《远夷慕德歌》《远夷怀德歌》。这些诗都为我们研究汉末时期的少数民族文化提供了重要资料。《列传》所载不只是这三首诗的作者和译者的姓氏，更是对这三首诗的原文汉字进行了音韵记录。这些都证明了汉末魏晋时期已经出现过较为完整的笔译作品。我国最早的诗歌翻译文字记载，可追溯至古代。

自汉代起，由于频繁与北方进行政治和军事上的交涉，"翻译"一词逐渐演变成了一个综合术语。《汉书·西域传》中的译语是由当时的官员们用汉文翻译来的。自东汉时期起，"翻"字开始被广泛运用。

中国历史上出现过四次翻译的重要时期：第一个时期是东汉至隋唐时期的佛经翻译，第二个时期是明末清初的自然科学翻译，第三个时期是近代的文学翻译，第四个时期是中华人民共和国成立后。这四个时期留下了丰富的译学思想和翻译资料，为当代翻译学奠定了基础。

（一）第一个时期

人们对佛经翻译的起源观点不一，一般认为，西汉哀帝刘欣时期的《浮屠经》当为我国最早的佛经译本。大规模的佛经翻译则始于东汉桓帝建和二年（148年），译者有安息（即波斯）人安清与西域月氏人支娄迦谶（支谶）。安清，字世高，天资聪颖，笃信佛教，精于西域语言且通晓汉语，译有《大安般守意经》等35部经书，开后世禅学之源，被尊为中国译经的先驱。支娄迦谶和他的弟子支亮及再传弟子支谦都博学多闻，以翻译佛经闻名于世。支谦不仅译经多，而且对翻译理论有着精深的研究。其所著《法句经序》是现存最早的翻译理论文章。文中提出了"文"与"质"两种对立的翻译观，并对质派观点做了细致的阐述。

我国第一位本土翻译大家及翻译理论家当推道安。道安（314—385），俗姓卫，常山扶柳（今属河北省）人。他组织翻译了经书14部187卷，还厘定了翻译文体。道安还创造性地总结了翻译规律，提出了著名的"五失本，三不易"的翻译原则。"五失本"即认为前代译经有五种改变原梵文经书的表达方式的情况，"三不易"大体上说因为时间的推移造成习俗的改变、译者才智远不如原经的圣人作者，译者态度精力上的不足三个方面导致翻译很不容易。道安的翻译思想对后世影响巨大。

比道安稍晚的鸠摩罗什（350—409）从小熟悉梵文胡语，十几岁就通晓佛经，主持翻译的佛经达400多卷。主张"意译"，其译文不拘原文体制，变通达顺。但其意译并非没有节制，依然"务在达旨"，达到了很高的成就。

隋文帝统一中国后，大举兴佛，开启了佛教发展的新高峰。玄奘（602—664年），通称"唐三藏""三藏法师"，俗姓陈，名祎，洛阳人，13岁即落发为僧。于唐太宗贞观三年（629年）冲破官府的重重阻挠，西去印度学佛求经。17年间，刻苦学习梵语与西域语言，考察当地风土人情，对佛学研究更是不遗余力。贞观十九年（645年）学成回国，带回梵文经书657部和大量佛物，受到热烈欢迎。随后立即在唐太宗的支持下建立译场，潜心翻译佛经，传布佛学要义。19年共译经75部，1335卷，占唐代新译佛经半数以上。同时，还将《老子》《大乘起信论》等译成梵文，传入印度。他主持的译场有完备的组织，特别注重译文的检查和修改，即使现在来看也是十分科学的，因此成为后世译场的楷模，据后人研究，玄奘的翻译熟练地运用了补充法、省略法、变位法、分合法、译名假借法、代词还原法等技巧，但他本人对翻译理论却鲜有论述，目前能见到的只有记载于《大唐西域记》序言中的"五不翻"观点，即五种音译的情况。音译即不翻之翻。五种情况是：咒语之类的神秘语，多义词，中国无对应物的词语，通行已久的音译，以及为弘扬佛法需要的场合。

随着玄奘之后，佛教活动逐渐演变为中国文化深层结构的一部分，逐渐失去了昔日的辉煌，佛经翻译也逐渐式微。唐末五代时期是一个重要历史阶段。北宋译经还有余响，南宋后几乎消失。

（二）第二个时期

在 16 世纪初的这一时期，利玛窦和徐光启合作翻译的《几何原本》前六卷是最具代表性和影响力的作品。本文主要探讨该书在传播西方科学技术方面所起的重要作用及其历史地位。利玛窦是一位来自意大利的传教士，曾受过汉语教育，对中国文化有相当深入的了解和认知。他容貌儒雅，能说中国话，通晓四书和五经，1583 年来到中国以后，为明清时期中西文化交流开启了新的局面。在当时的社会条件下，他的努力取得了成功，并产生了深远的影响。徐光启作为中国近代科学的先锋人物，以杰出的爱国科学家和科学文化的领导者身份，率先将翻译的领域从宗教、文学拓展至自然科学领域，成为该领域的杰出翻译家。他在翻译实践中总结出一套较为完整的科学技术译介方法，并取得显著成就。他主张科技翻译应当汲取其他国家多年积累的科技成果，并以最快的速度将其应用于自身，从而实现自身的强大。他对传教士在传播西方科学技术方面起的作用也给予高度评价。利玛窦与李之藻、杨廷筠、叶向高等人合作，共同翻译了一系列关于天文、历算和其他自然科学的著作，为近代科学的发展作出了杰出的贡献。1857 年，英国人伟烈亚力与中国著名翻译家李善兰合作翻译了《几何原本》的后 9 卷，延续了几乎中断 200 年的科技翻译。翻译科学书籍对于普及西方科学知识，促进中国自然科学的发展具有一定的积极作用。

（三）第三个时期

第三个时期是指鸦片战争至中华人民共和国成立这个时期。这一时期的一个显著特点就是翻译的主体发生了变化。这一时期的翻译主体是中国的知识分子。近代以来，不少仁人志士为了强国，加强了对西方科学技术的学习和研究。政府开办了不少外文学校，同时向国外派遣留学生。像京师同文馆内就设有英文馆，法文馆，俄文馆，后增加德文馆，成为我国第一所培养外语人才的专门学院。而后又有上海方言馆和广东方言馆。此外，教会学校和新式学堂也设有外语专业和外语课程，培养了大批外语人才。同时，一大批留学美国、欧洲、日本等地的学生也成为这一时期翻译的主体。

这一时期的翻译，除个别是几个人合作，如典型代表人物林纾外，大部分的翻译都脱离了合作的方式而由个人独立完成。其中绝大部分作品是文学翻译作品。从近代翻译的历程看，首先是科学翻译，而后是社会科学翻译，最后是文学翻译。文学翻译虽然来得较迟，却对我国的翻译产生了深远的影响。

鸦片战争后，中国的有识之士逐渐觉醒，主张学习西方的军事技术和机器制造。他们奉行着这种思想，将大量关于算学、测量、水陆兵法、天文学、化学、力学、文学、医学、汽车制造等领域的书籍进行了翻译和传播。其中不乏一些科学著作和文学作品。根据数据显示，江南制造局译书馆所翻译的 163 本著作中，自然科学领域的译书占据了超过 80% 的比例，成为近代早期最大的翻译机构之一。

19 世纪 70 年代，中国开始派遣留学生出国。1872 年夏末，在陈兰彬带领下，第一批 30 名学生赴美国深造。这些人通过在国外的考察学习，深感西方国家的强大，并非完全在于科学的发达，还在于先进的社会制度和文化，于是着手翻译此类书籍。其中以严复为代表，他先后翻译了十多种西方资产阶级的哲学，经济学、社会学等著作，最有代表性的为八大社会科学名著，其中《天演论》影响极大。甲午战争后，文学翻译继续涌现。1899 年，林纾与王寿昌合译《巴黎茶花女遗事》，开启了文学翻译的新纪元。20 世纪初，文学翻译走向繁荣。纵观近代翻译史，最有代表性的翻译家仍然首推严复和林纾二人。严复在翻译《天演论》时提出"信、达、雅"的翻译标准备受后人推崇，至今仍对译学理论研究产生影响。林纾不懂外文，靠与口译者合作，翻译了 160 余种小说，成为我国近代翻译西方小说的第一人。

在五四运动期间，文学翻译逐渐成为主流，各文学社团和文学流派均有其独特的翻译理念和杰出的翻译家，形成了独具特色的翻译风格。茅盾和郑振铎在文学研究会上提出，翻译应当以现实主义的视角为社会提供服务；从浪漫主义的视角来看，郭沫若在创造社中强调了译者主观情感的投入，这一点不容忽视；徐志摩、朱湘等新月派诗人在翻译诗歌方面作出了杰出的贡献；左联主张将多个文艺流派融合为一体，以服务中国革命现实为目标，注重翻译唯物史观的文艺批评作品和苏联社会主义现实主义作品。这些人都是当时影响较大的翻译家，也反映了他们各自不同的理论倾向和翻译目的。鲁迅是最著名的翻译理论家之一，他认为中国的语言文字无法充分表达深刻的思想和社会生活的新变化，因此提出了"宁信而不顺"的直译策略，并对翻译的宗旨、重译、复译以及翻译批评等方面进行了深入的探讨。朱生豪（1912—1944）翻译莎士比亚戏剧（以下简称莎剧）是该时期甚至是整个中国翻译史上的大事。朱生豪大学毕业后不久，出于对莎剧的热爱和强烈的爱国热情，开始翻译莎士比亚戏剧全集。他在战火中忍受着饥饿、疾病的折磨，耗尽心力，10年间共译出莎剧31种半，在再译5种半即成全璧的情况下，终因重病含恨辞世。朱生豪精通英语，又有扎实的中国古典诗词功底，因此他译的莎剧质量极高，深受到学界内外的好评。

（四）第四个时期

中华人民共和国成立后，翻译呈现另一番景象。翻译遵循党的文艺方针，强调为社会主义服务。俄国古典文学、批判现实主义文学、苏联现当代文学的重要作家都有译介，甚至普希金、列夫·托尔斯泰、高尔基、奥斯特洛夫斯基，法捷耶夫等名家的作品几乎全部被译出。翻译家有吕荧、刘辽逸、汝龙等。亚非拉文学翻译家有楼适夷、季羡林等。比较而言，欧美作品的翻译相对较少，但也并非一片空白。英国文学方面，卞之琳用诗体翻译了莎士比亚悲剧《哈姆雷特》，传达了莎剧的气势；张谷若翻译哈代的小说真实准确，晓畅通达；还有朱维之译弥尔顿的《复乐园》、查良铮译英国浪漫主义诗歌等，都取得了很高的成就。法国文学方面，傅雷翻译巴尔扎克的《人间喜剧》，赵少侯着重翻译莫里哀的喜剧，罗玉君翻译司汤达和乔治·桑的小说。德国文学翻译家有冯至、张威廉、钱春绮、傅惟慈等，基本上把具有世界影响力的德语作品都译介过来了。翻译事业于改革开放中迎来了自己的春天，大大拓宽了翻译的范围，提高了翻译的质量，规模之大、影响之广，不亚于历史上任何一次翻译高潮。

第四个时期的翻译理论也取得了重大进步。钱钟书1963年在《林纾的翻译》中提出"翻译的最高境界是化境"，从而将中国传统翻译理论推向了顶峰。

二、西方翻译的发展历程

一般认为，西方翻译理论可分为五个时期，即古代时期、中世纪时期、文艺复兴时期、近代时期和现（当）代时期。

（一）古代时期

西方古代第一部重要的译作是《圣经·旧约》的希腊语译本。前 285 年，72 名知识渊博的希腊学者遵从埃及国王托勒密二世费拉德尔弗斯的旨意，聚集在亚历山大图书馆，把散居在各地的犹太人用希伯来语写成的《圣经·旧约》译成希腊语。历时 36 年方得以完成，称为《七十子希腊文本》。4 世纪末 5 世纪初，著名神学家哲罗姆（约 340—420）奉罗马教皇之命，成功地组织了《圣经》的拉丁文翻译，并将其命名为《通俗拉丁文本圣经》，该译本后来成为罗马天主教承认的唯一圣经文本。西方翻译理论发源于公元前 1 世纪。古罗马帝国政治家和演说家西塞罗发表了著名的《论演说家》。书中首次谈到了直译和意译，明确提出反对逐字翻译。这个时期，翻译家们大都根据自己的翻译实践对翻译进行分析和论述，涉及的问题主要是应该直译还是意译。奥古斯丁认为，翻译的基本单位是词；翻译有三种风格，朴素、典雅、庄严，其选用取决于读者的需求。他从亚里士多德的"符号"理论出发，认为忠实的翻译就是能用译入语的单词符号表达源语单词符号指示的含义，即译语词汇和源语词汇具有相同的"所指"。这套理论对后世有深远的影响。

（二）中世纪时期

中世纪时期，即西罗马帝国崩溃至文艺复兴时期。英国阿尔弗雷德国王（849—899）是一位学者型的君主，他用古英语翻译了大量的拉丁语作品，常常采用意译法。11、12 世纪，西班牙中部地区的托莱多形成了巨大的"翻译院"，主要工作是将阿拉伯语的希腊作品译成拉丁语，接续欧洲断裂的文化传统。中世纪末期出现了大规模的民族语翻译，促进了民族语的成熟。英国的乔叟翻译了波伊提乌的全部作品和薄伽丘的《菲洛斯特拉托》等；德国的维尔翻译了许多古罗马作品；俄国自基辅时期起翻译了不少希腊语和拉丁语作品，其著名的翻译家有莫诺马赫、雅罗斯拉夫等。这一时期，翻译理论的代表人物有罗马翻译家曼里乌·

波伊提乌。他提出翻译要力求内容准确而不要追求风格优雅的直译主张和译者应当放弃主观判断权的客观主义观点，这在当时产生了较大的影响。

（三）文艺复兴时期

从14世纪至17世纪初，西方翻译进入了繁荣时期，产生了许多具有代表性的翻译家和有影响的翻译理论。英国翻译题材广泛，历史、哲学、伦理学、文学、宗教著作，无所不及。查普曼先后翻译了荷马史诗《伊利亚特》和《奥德赛》，成就卓越。他认为翻译既不能过于严格，亦不能过分自由。人文主义者廷代尔，以新教立场翻译《圣经》，面向大众，通俗易懂，又兼具学术性与文学性，取得了巨大的成功。然而，他的翻译触犯了当时的教会权威。1535年，教会以信奉、宣扬异教的罪名将廷代尔处以火刑。荷兰德是英国16世纪最著名的翻译家，其翻译的作品题材多样，尤以历史翻译见长，著名作品有里维的《罗马史》、绥通纽斯的《十二恺撒传》等。法国的阿米欧于1559年翻译了《希腊、罗马名人比较列传》，内容忠实，文笔清新自然。他主张译者必须充分理解原文，译文要淳朴自然。语言学家、人文主义者多雷在其《论如何出色地翻译》中提出了翻译的基本准则：译者要完全理解翻译作品的内容；要通晓所译语言；语言形式要通俗；要避免逐字对译；要注重译文的语言效果。德国翻译家路德翻译了《圣经》，遵循通俗、明了、大众化的原则，在官府公文的基础上吸收了方言精华，创造了本民族普遍接受的文学语言形式，为德国文化的发展作出了杰出贡献。路德认为，翻译必须采用平民化的语言；必须注重语法和意思的联系；必须遵循一些基本的原则。路德之所以能在翻译实践上取得成功，是和他的理念分不开的。德国翻译界另一位代表人物伊拉斯谟认为，翻译必须尊重原作，译者必须要有丰富的语文知识，必须保持原文的风格。

总体而言，这一时期，西方译者对翻译的认识更加深入，对翻译相关问题的讨论十分热烈，由此奠定了西方译学的理论基础。

（四）近代时期

从17世纪至第二次世界大战结束的近代时期是西方翻译的黄金时期。1611年，英国出版了《钦定本圣经》，译文质朴典雅，音律和谐，是一部罕见的翻译杰作。不久，谢尔登译出了塞万提斯的《堂吉诃德》。蒲伯于1715—1720年期间，在查普曼译作的基础上重译了《伊利亚特》和《奥德赛》。欧玛尔·海亚姆的波斯语作品《鲁拜集》于1859年有了第一个英语译本，后几经修订，跻身于英国翻译史上最优秀的译作之列。17世纪，法国文坛盛行古典主义，因此翻译以古希腊、古罗马的文学作品为主；18世纪，法国向往古老神秘的中国，翻译了不少中国作品，元曲《赵氏孤儿》就是这个时期译介到法国的；19世纪则以西方各国文学的翻译为特色，莎士比亚、歌德、但丁、拜伦的许多作品都有了法语译本。这个时期的西方翻译理论较为全面、系统，具有普遍性。代表人物有：英国的约翰·德莱顿、亚历山大·弗雷泽·泰特勒、法国的夏尔·巴托。德莱顿对翻译进行了较为系统、全面的研究，认为翻译是一门艺术，译者必须掌握原作的特征，服从原作的意思，翻译的作品要考虑读者的因素。他将翻译分为三大类：逐字译、意译和拟作。在1790年泰特勒所著的《论翻译的原则》一书中，他提出了著名的"翻译三原则"，即翻译必须完全复制原作的思想，以确保译文的准确性和完整性；确保译文的风格和手法与原作保持一致，以保持其独特性和独创性；译作中应该保留原语文化信息。请确保所翻译的语言与原文的表达方式完全一致，以达到通顺流畅的效果。

进入19世纪，德国逐渐成为翻译理论研究的中心。代表人物有施莱尔马赫、施雷格尔、洪堡特。翻译研究的重点集中在语言和思想方面，逐步形成了一定的研究方法和翻译术语，从而把翻译研究从某一具体篇章中抽象分离出来，上升为"阐释法"。这种方法由施莱尔马赫提出，施雷格尔和洪堡特加以发挥。施莱尔马赫在《论翻译的方法》一文中较为全面地论述了翻译的类型、方法、技巧，形成了比较系统的翻译理论。在19世纪产生了重大影响，至今仍具有一定的现实意义和作用。其主要内容包括以下几点：翻译分为笔译和口译；翻译分真正的翻译和机械的翻译；必须正确理解语言思维的辩证关系；翻译有两条途径，一条是尽可能忠实于作者，另一条是尽可能忠实于读者。洪堡特进一步指出，语言决定思想和文化，语言差距太大则相互之间不可翻译，可译性与不可译性是一种辩证关系。洪堡特关于"可译性"与"不可译性"的论述在今天同样具有重要的参考意义。

（五）现（当）代时期

20世纪上半叶爆发了两次世界大战，翻译和翻译理论研究受到极大的破坏而驻足不前，其间几乎没有有影响的翻译作品和翻译理论研究成果出现。然而，第二次世界大战结束后，翻译和翻译理论研究则在西方迅速恢复并很快进入繁荣时期。

西方现（当）代翻译理论时期指从第二次世界大战结束至今，这一时期西方翻译的范围、形式、规模和成果都是历史上其他任何时期都无法比拟的，翻译理论研究在深度和广度方面亦取得了突破性的进展。这一时期，由于受现代语言学和信息理论的影响，理论研究被纳入语言学范畴，带有较为明显的语言学色彩；同时，由于在理论研究中文艺派的异常活跃，又使翻译理论研究带有明显的人文特征。所以，翻译理论的研究大都走科学与人文结合的道路。而且，翻译研究更加重视研究翻译过程中所有的重要因素，包括语言使用者的社会因素等，以及它们之间的相互关系和产生的相互影响，并以此解决翻译中的各种问题，使翻译这门学科具有较为成熟的学科特点。

现（当）代翻译理论时期涌现出一大批在翻译理论与实践方面成绩卓著的人物，并逐渐形成了流派。主要包括：布拉格学派、伦敦学派、美国结构学派、交际理论学派。这些学派的研究使西方翻译理论逐渐形成体系，趋于成熟。

第三节　英语翻译的相关理论

通过学习翻译理论，学生不仅可以提升其理论素养，还可以深入了解翻译活动的基本规律，从而更快、更有效地提升翻译实践的能力，实现事半功倍的效果。因此，对高校英语专业学生进行系统的翻译学知识教育具有重要的意义。只有将翻译理论知识有机地融入翻译教学中，教师才能深刻领悟翻译的本质和规律，从而有的放矢地开展翻译教学，真正提升学生的翻译质量。若翻译教学失去了理论的支撑，那么就会失去开展翻译所需的基础，从而无法科学地培养学生的翻译技能，无法为学生提供更优质的翻译策略指导，更谈不上进一步培养学生的翻译意识了。这样的翻译教学只能是基于感性经验的行为，常常带有强烈的个人经验主义的片面性，缺乏客观性。因此，在翻译教学中，传授基本的翻译理论并揭示翻译学的内在规律，是至关重要的一环。

一、关联翻译理论

关联理论是一项强大的理论，它的作用在于有效地解释翻译这一"宇宙历史上最为复杂的现象"，为翻译提供了一个统一的理论框架，为翻译本体论和方法论的理论基础奠定了坚实的基础。翻译的本质就是一种认知活动，而关联理论为我们认识和理解翻译提供了新的视角和方法。在关联理论的范式下，翻译是一种明确的推理过程，旨在对原语（无论是语内还是语际）进行阐释，译者需要根据交际者的意图和受体的期望进行权衡，而译文的品质则取决于相关因素之间的趋同程度。

（一）关联翻译理论的观点

根据关联翻译理论，翻译过程是一种以明示推理为基础的交际行为。翻译者所追求的目标是通过推理，从原交际者的明示行为中寻找出最优的关联，这也是翻译研究的基本原则。从这一角度出发，在译作中对原文和译文进行选择时，要考虑到两种语言间的差异以及原语作者的意图，以寻求最理想的关联模式。译文的相关性程度取决于两个主要因素：一是处理的力度，二是语境的影响。译文读者需要的并不是最大关联性，即以最小的处理努力获得最大的语境效果，而是最佳关联性，即无须花费不必要的努力便可从中获得足够的语境效果。最佳关联性是指通过一定的处理努力所能达到的最好语境效果。根据最佳关联原则，翻译者在潜在的认知语境中（包括译者的百科知识、原文语言提供的逻辑信息和词汇信息、原文的文化背景信息等）精选恰当的语境假设，并从源语文本的交际线索中推断出原文作者的交际意图，以找出最佳关联，从而实现对原文语境的深刻理解。因此，要提高译文的语境效果，就必须先对源语文化进行深入了解。在充分考虑译入语文本读者的认知语境和阅读期待的基础上，译者运用多种灵活的翻译策略，力求在音、形、意三个方面达到最大程度的源语文本趋同，从而准确地传达原文作者的意图给译文读者，以满足他们的阅读期待，即无须进行不必要的处理即可获得足够的语境效果以理解原文。

（二）关联翻译理论对理解阶段的指导

在整个翻译过程中，理解是不可或缺的首要步骤，其重要性不言而喻。没有准确的理解，译者的语言再好，也不会产生良好的译作。若对原文的理解稍有偏差，则译文的准确性将大打折扣，甚至可能出现差之毫厘、谬以千里的情况。因此，理解在翻译中起着至关重要的作用。要深刻领悟原文的内涵，不能仅仅停留在表面，必须进行深入细致的探究和分析。因此，在译作中需充分考虑到读者对文本意义的不同解读，并结合相应的文化因素来实现对语言形式上的有效传达。为了达到深入透彻的理解，译者需要全面了解源语作者的认知语境，并尽可能扩大与源语作者的认知语境的共享。接着，根据最佳关联原则，从潜在的认知语境中选择正确的语境假设，并从源语文本提供的交际线索的信息意图中推理探究出作者的交际意图，以找出最佳关联，从而达到准确透彻地理解原文的语境效果。

1. 扩大和源语作者认知语境的共享

关联翻译理论所强调的语境观，强调语境的选择性和渐变性，这是一种高度复杂的语言现象。交际者通过对语言形式与内容的分析，可以发现说话人所隐含的特定语境假设。在认知语境中精选相关假设，并付出相应的努力，以获得相应的语境效果，从而找到话语与语境假设之间的最优关联，这就是理解话语的本质。语境对话语的解读起着重要的作用。在言语理解的过程中，新的信息经过加工处理后会转化为旧的信息，从而扩大了认知环境，为下一个新信息的处理提供了方便。本文通过分析关联翻译理论中关于认知语境的观点，来探讨如何利用这一理论指导的翻译实践。译者和读者所共享的认知背景，为成功传达原文作者的意图提供了一定的保障。因此，在翻译教学中，教师有责任引导学生深入了解原文的历史背景，理解作者在创作过程中所处的环境和内心状态，以便充分利用共享的认知语境，全面、深入、准确地理解全文。

2. 区分信息意图和交际意图

根据关联翻译理论，意图可被划分为信息意图和交际意图两个方面。交际意图是指为实现交际目的而对语言进行选择的意图。信息的目的在于提供有关交际的线索，以便更好地进行交流。交际意图是指为使译文能被接受所需要的各种手段或技巧。交际意图是指在信息传递过程中所隐含的意图，它通常是通过对信息意图的推断和分析而得出。由于译文读者的认知环境不同，其对信息意图与交际意图之间差异的敏感程度也就各异。当翻译者判断原文的信息意图与交际意图相符时，即原文的字面意义与作者本意相符，且翻译后不会对读者的理解产生影响，反而能够扩大读者的认知语境，从而实现无误的翻译。

3. 充分运用推理技巧

在翻译交际中，正确理解源语作者的意图是确保完成翻译的先决条件。由于语言符号具有模糊性和歧义性，译者必须对原文中的某些概念作出合理判断并作出正确表达，才能完成译作的全部任务。因此，在翻译教学中，必须注重培养学生的推理能力，以使其在区分多义词、消除歧义、优化逻辑结构、推导交际意图等方面发挥至关重要的作用。

（三）关联翻译理论对表达阶段的指导

在对原文进行全面、深入、细致的解读之后，表达对于一篇译文的品质具有至关重要的影响。从语用学角度看，译文是一种交际活动，它必须以一定的语言为载体进行交流与沟通，而这一过程就是一个动态顺应的过程。在准确判断译入语文本读者的认知语境和阅读期待的基础上，译者运用各种灵活的翻译策略，致力于将原文作者的意图准确地传达给译文读者，以达到音、形、意最大程度地向源语文本趋同的目的，从而满足译文读者的阅读期待，实现译文和原文的最佳关联。因此，唯有引导学生在言辞表达方面下足功夫，方能全方位提升翻译品质。

1. 考虑译文读者的认知语境和阅读期待

在跨文化、跨语言的翻译交际中，译文读者的理解受到其所处的认知环境的制约，有时，源语读者所拥有的文化图式、社会经验等并不存在于译语读者的认知环境中，因此语篇内的相关符号无法唤起译文读者记忆中的相关图式，从而导致解读的失败。这就是"解码困难"现象。有时候，由于源语读者和译语读者所持有的文化图式存在显著差异，因此译文读者可能会根据自身的认知习惯进行解读，从而导致误解。这些差异可能会给译文读者造成一定程度上的损失，甚至产生严重的后果。为了确保译文读者能够准确地理解源语作者的信息意图和交际意图，译者需要对译文读者的认知语境进行精准的评估和判断，以避免不必要的信息处理。如果能够根据不同情况采取恰当的方法帮助译者预测译文读者可能会出现的各种错误类型，那么译文将能获得较高的成功概率。在翻译教学过程中，应当对学生进行明确和强化的训练，引导他们在处理文化信息丰富的语篇时，采用译文内增词、译文外加注等策略，以解决译文读者因认知语境中文化图式缺省而导致的解读障碍。

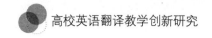

2. 兼顾源语作者的意图和译文读者的认知语境

为了实现最佳的关联性，翻译者需要同时考虑语境效果和处理努力，这两个因素缺一不可。在翻译实践中，由于文化不同、语言习惯不同等原因，导致对原文意义理解上存在一定差异。若读者在认知语境中缺乏相关信息，或与源语作者的认知语境发生文化冲突，而仅仅传递原文信息意图，即使读者付出了很多的处理努力，也难以推断出原文的交际意图，从而无法获得相应的语境效果，译文也无法达到最佳关联。

在翻译教学过程中，必须明确并加强学生对源语意图的识别和对译文读者认知语境和阅读期待的评估，只有这样才能实现翻译交际的目的和效果，并达到最佳的关联性。

二、翻译模因论

模因论是一种新的理论模式，它基于达尔文进化论的理论观点，旨在解释文化进化规律。该文试图从时间和空间的角度，对事物之间的普遍联系以及文化的传承性这一本质特征进行阐释。模因可以被看作文化传播和发展过程中形成的复制或变体，并随着时间的推移而不断地发生着变异，最终成为文化传播和延续的动力之一。在切斯特曼看来，翻译作为一种跨越文化和语言的行为，既是模因在同一文化中的模仿传递，也是语言传递的一种方式。在这一传播过程中，不同民族由于各自所处的社会环境和历史传统而形成了自己独特的模因类型。跨越不同文化之间的模因，需要借助翻译这一工具才能实现。翻译的目的就是传播模因所创造出的新信息或意义，而不是为了复制其原有的含义。因此，在跨越不同文化背景的过程中，翻译成为一种"模因的生存载体"。本文旨在研究模因论对翻译产生影响的原因以及这种影响如何体现在翻译策略之中。翻译模因论的精髓在于它揭示了翻译理论的演进脉络，并肯定了翻译理论在指导翻译实践方面的重要作用。

（一）翻译模因论概述

模因（meme）的概念起源于社会生物学，最初出现在动物学家道金斯（1976）的畅销书《自私的基因（The Selfish Gene）》中。它指一个物种内所有个体都有的一种遗传因子，在一定条件下可以自发地复制和产生新的种群或新的遗传结构。

基因作为一种传递生物信息的基本单位，为生物体的生存提供了必要的支撑和保障。模因论认为模因论的核心就是复制和传播。道金斯渴望将"meme"这一术语与"gene"相似，以描述文化现象的演化历程。在本书里，作者对模因论作了详细介绍，包括模因论的基本思想、模因复制过程及模因传播方式等。在该书的末章引入了一种模因概念，该概念与基因相对应，并将模因定义为"文化传播的基本单位，或者是模仿的基本单位"。模因理论的发展使人们对文化有了一个新的认识，模因论（memetics）是一种探究模因的学说，最早将模因引入翻译理论研究的学者是切斯特曼和汉斯·弗米尔（1997）。切斯特曼将有关翻译本身以及翻译理论的概念或观点归纳为翻译模因（translation memes），包括但不限于翻译的理论概念、规范、策略和价值观念等方面。他将翻译研究视为模因论的一个分支，旨在运用模因论解释翻译所提出的问题，并通过对翻译理论发展历程的探究，揭示翻译理论的演化和形成规律。他认为模因论为我们提供了一种新的理解语言文化现象的视角。他对翻译模因库中的五种超级模因（super-memes），即源语—目标语模因、对等模因、不可译模因、意译—直译模因、写作即翻译模因，进行了详尽的探讨，发现在翻译理论的演进过程中，有一些翻译模因无法被广泛认可而逐渐消亡；某些翻译模式曾风靡一时，但最终被淘汰；有些事物展现出了强大的生命力，能够在生存和发展的道路上不断前行。他还分析了各种翻译模因的功能以及它们之间的相互关系，认为翻译是一个动态的过程。在考察西方翻译理论的演化历程时，他发现在某一特定的历史时期，存在一种特定的翻译模式，其主导支配地位高于其他翻译模式，从而将西方翻译理论史划分为八个不同的阶段，包括词语阶段、神谕阶段、修辞学阶段、逻各斯阶段、语言学阶段、交际阶段、目标语阶段和认知阶段。每个阶段都是由一些具体的模因来构成的，它们之间存在着一定程度上的相互联系和制约关系。由于适应社会环境的需要，各种模因在不同的历史时期呈现出多样化的面貌，不断进行复制和传播，以求生存和发展。

切斯特曼将卡尔·波普尔的科学哲学观引入其翻译模因论，主张翻译模因位于波普尔的第三世界地带。在这个理论框架下，波普尔将世界划分为三个领域，其中第一个领域是指客观存在的物质领域；在第二个世界中，个体的思想和情感都是由其主观心智世界所决定的；第三世界所指为思想的客观内涵，属于客观的知识领域，包括有关思想、理论、论题等方面的知识，其存在于公共领域，而非个人头脑中的概念（即第二世界）。第三世界则属于人的意识活动的范畴。根据波普尔的学说，我们的个人翻译技能的成长源于我们之前的翻译实践、对他人翻译作品的研究、前人对翻译的思考，以及对翻译理论和历史的深入研究。翻译活动是一个自我反思与批判的过程，也就是一个不断修正自身认识能力的过程。通过对他人的反馈信息进行批评对话和自我批评，我们能够不断拓展自身的发展空间。翻译模因在语言层面上体现为一种社会现象。因此，根据波普尔的学说，翻译模因，也就是翻译理论或翻译观念，必然会对译者的思维方式和翻译行为产生深远的影响。翻译理论与翻译行为的这种相互影响，使得翻译理论在一定程度上成为翻译实践活动的一个重要组成部分。切斯特曼对于翻译理论和实践之间的相互关系有着深刻的理解，这一点在他的文章中得到了充分的体现。波普尔接受了达尔文进化论中最具挑战性的观点之一，即个体的发生方式与种系的发生方式是相互平行的。他认为，在所有生物当中，只有一种物种可以同时进行两种不同类型的进化，即个体发育和群体演化。切斯特曼在翻译能力的习得过程中，运用了这一观点，以期达到更高层次的表达。据其观点，译者的个体发生过程应当遵循翻译理论的种系发生过程，也就是说，一个译者的态度和观点的变化过程可能会反映出整个翻译理论的演进，反之亦然。本文在此基础上提出了翻译研究中"文化转向"和"认知主义转向"两种新的视角——个体发生视角和种系发生视角，并以此为基础建立起一种基于语言学习机制的译学模型。这一假设为翻译教学提供了深刻的启示，为其注入了新的活力和灵感。因为个体发生和种系发生的相似性，我们可以通过这种方式来加强翻译过程的教学效果。为了将翻译理论发展的知识转化为学生的一种概念工具，并提供比照来观察自己的学习进程、培养学生的自我意识，以便他们能够亲身参与历史进程，因此必须向学生讲授翻译理论发展史。

（二）翻译模因论对翻译教学的启示

1. 对于翻译史的教学十分必要性

翻译模因的演化是一个不断变化的过程，它具有短暂而又清晰的特征。翻译模因论为我们研究翻译提供了一种新的视角，即通过对语言模因与社会文化环境、意识形态等之间关系进行考察，可以看出其演变过程。在某一特定的历史时期，当某一特定的翻译模式处于支配地位时，该模式逐渐演变为该时期的规范，而其他模式则处于被压制的劣势地位。翻译模因论也同样适用于不同时代的语言文化。

翻译若遵循规范，则被视为正统；反之，若违反规范，则被视为错误或根本不符合"翻译"的标准。因此，翻译模因是人类智慧的结晶，凝聚着历史的沉淀和文化的传承。从某种意义上讲，翻译研究也就是一个译学发展过程中的一种模因论。通过翻译史教学，学生能够全面了解翻译模因进化的历程，深刻领悟模因之间的相互关系和演变，从而更深刻地理解各种翻译理论，而非仅仅掌握零散的翻译概念，避免形成点面结合的错误观念。

由于翻译思想在不同的发展阶段都只强调了翻译现象的某一特定方面，因此学生需要全面了解翻译史的各个方面。目前，我国高校普遍采用传统的教学方法讲授翻译课程，这不利于培养复合型人才和提高教学质量。通过翻译史教学，学生可以将不同的翻译思想有机地融合在一起，从而形成一个全面而完整的翻译现象认知体系。根据达尔文的理论，个体的发生行为可以作为种系发生规律的一种反映。任何一次社会大变革都伴随着个体发生过程的变化，这就为我们研究文化传播提供了新的视角。因为翻译史教学可以激发学生的个体发展，所以教师可以采用这种教学方式来加强学生的学习过程。每一次物种更替或社会变革都是以某种形式表现出来的，所以我们可以用各种方式再现这种变化。通过比较和观察不同种系的学习过程，学生可以获得一种身临其境的体验，从而减少学习中的盲目性。同时，教师也能够从中发现一些规律性东西。将翻译理论史划分为8个不同的阶段，如果这些阶段与译者的个体发生过程相符，那么每个阶段都代表着学生个体发展的必经之路，因此，翻译教学应该遵循这一过程规律进行。

在第一阶段，初学者通常会采用"词汇对齐"的翻译方式，教师不应过于强调学生的词汇问题，而是应该鼓励学生尽快进入下一个学习阶段。随着学习的深入和语言环境的改变，学习者开始有意识地习得一些新的语法规则和句型结构。这是初学者必须经历的阶段，教师应该善加利用这个阶段的独特特征，以确保教学工作的顺利开展。在此阶段，教师应当以词汇为核心，展开翻译教学，以培养学生的词汇翻译技能为目标。为使学习者掌握词汇翻译技巧，教师应将教材中的一些重点内容融入课堂教学之中，以达到事半功倍的效果。授课内容包括但不限于词典等工具书的运用、词汇的外延和内涵意义、词汇语言学、成分分析、词典学以及专门词语的翻译等，此外，还可运用词汇教学来探讨"可译性"问题。

在第二阶段，特别强调语法形式和直接翻译的重要性。通常情况下，处于此阶段的是大学生。第二阶段，主要关注内容和表达两个方面。使用一种恰当的方式引导学生认识到"直译"仅仅是翻译的一种形式，而教学内容则包括最小转换、字面转换和文学风格转换等多个方面；在此基础上还应考虑如何处理好译文中出现的各种文化因素。纽马克的语义翻译和交际翻译、可供选择的翻译材料包括注重原文形式的文本类型（如哲学文本和法律文本等），以及要求事实准确的科技翻译。

在第三阶段，应当注重培养学生的翻译文体自然流畅、表达灵活多变的能力，同时也可以要求学生有针对性地进行目标语的写作训练。在此基础上加强词汇练习和语法练习，使其掌握一定的语言知识。特别是在将母语转化为外语的过程中，必须加强对目标语的驾驭能力的训练，以提高翻译的质量和准确性。休森与马丁等人在 1991 年所提出的变异翻译模式，适用于这个阶段的培训。他们主张翻译是建立在源语释义集合和目标语释义集合这两个不同的释义变体基础上的。在翻译某一原文时，译者首先生成了一个包含多种目标语释义变体的集合。当这些交际任务完成后，就可以将这一结果转换为目标语中与之对应的释义变体集合。对两组释义变体集合进行比较分析，探究它们之间的差异和相似之处，最终根据目标情景的制约因素和规范进行综合的评估。在众多可供选择的译文中，挑选一份最为优秀的，这一方法能够培养学生对两种语言的驾驭能力，从而提高他们的语言表达水平。在此阶段，学生得以掌握有关文体学、文本语言学、修辞学等理论概念，同时接受编辑和校读训练。

第四阶段是"逻各斯"阶段。在此阶段，主要强调的是激发语言创造力和进行文学翻译的能力。在这一阶段学生需要认识到，将原文映射到译文中是不可避免的，因为译文中不可避免地融入了外来元素，这是杂合翻译的核心概念；需要掌握区分语法顺序和信息顺序的技巧。在众多文本类型中，信息的保留顺序比语法的顺序更为重要，因为它直接影响到文本的完整性和可读性；对不同语言间转换进行分类研究有助于提高译文质量。熟练掌握主语、谓语、宾语、定语、状语和补语等语法结构；由于语言本身所固有的模糊性，翻译往往会具有一定的难度。在考虑源语文化浓厚的文本时，应当优先选择显性翻译，而对于一般文本，则可以考虑采用隐性翻译，以达到更好的翻译效果。因此，翻译者的决策在很大程度上受到文本类型的制约，这是一个至关重要的因素。让学生领悟到，翻译者并非总是隐匿于目标文本与目标读者之间，有时也会现身、在场、显露身份，肩负起译者的责任；在这一阶段的教学内容中，解构主义的翻译观也被视为至关重要的一部分。

在语言学的发展阶段，强调的是对语言学知识的深入掌握和广泛应用的必要性。教学内容应当涵盖符号学、语义学、语用学等多个学科领域，以提供学生评估和选择翻译的概念工具为目的；这一阶段也是翻译教学中最重要的一个环节——理解性阅读和表达性阅读的开始。在此阶段，必须深入探讨对比语言学的内涵，强调对两种语言体系进行对比分析的重要性。为确保译文形式的准确性，需要进行相应的选择。

在"交际"阶段，学生应当深刻认识到作为翻译者和专业交际者所扮演的社会形象和社会作用，全面考虑翻译任务的本质，高度重视翻译交际过程中各参与者的角色，包括需要翻译的对象是谁？谁决定翻译什么？谁来买单，谁来发表？读者是什么人？在交际的过程中，我们已经不再仅仅关注文本本身，而是更加注重情景的呈现。交际中所使用的语言必须与特定情景相适应。在教学内容中，可以探讨交际理论的多个方面，例如格赖斯的合作原则及其准则、一般语用学理论（如礼貌原则、关联理论、顺应理论等），并强调译文的可读性。此外，还可以深入探讨"对等"观念，让学生认识到任何交际者都无法对同一交际作出完全相同的解释。

在"目标语"阶段，文化层面成为主要关注的焦点。在这个阶段教师需要帮助学生树立跨文化交际观念，培养跨文化语用能力。翻译文本总被目标文化所包含。同时还需培养自己在跨文化交际中运用目的语来进行表达和交流的能力。在此阶段，学生将有机会学习多元系统论，通过实践翻译那些承载着沉重文化负担的词汇、典故等，以掌握其应对策略；在这一过程中，译者要努力维护原文作者的权威和尊严，并通过各种方式帮助译文读者理解原作。加强学生对文本操纵的认知，使其深刻认识到文本操纵是意识形态塑造的必然结果，是无法避免的必然趋势，所以译者一定要承担起自己的职责；教师要帮助学生理解和运用翻译规范，从而达到提高译文质量的目的。学生应当认识到，那些处于支配地位的文本和那些处于边缘地位的文本之间的翻译存在着根本性的差异；翻译规范在不同的历史时期和文化背景下，呈现出多样化的演变趋势。

2. 翻译教学必须遵循翻译能力的进化规律

翻译作为一种行为技能，是翻译能力的一个重要方面。德雷福斯兄弟把专业技能的进化分为以下五个阶段：

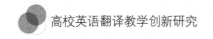

（1）初学者阶段（novice stage）

学生主要学习识别与技能相关的各种客观事实及特征，以获取决定行为的规律。这些特征非常显著，无须语境便可识别。

（2）高级学生阶段（advanced beginner stage）

学生经历了更多真实情景后，发现有些特征是因情景变化的，而不能脱离语境。

（3）能力形成阶段（competence stage）

随着经验的增加，识别的情景特征增多，人们很难把所有这些特征都储存在意识之中，因此就必须发展优先选择意识，人们要学会决策的层级程序，包括情景的整体判断能力、制订计划以及选择实现这一计划最为重要的因素的能力。在这一阶段，有能力的学生具有任务目标意识，目标意识决定情景特征的优先选择。

（4）熟练阶段（proficiency stage）

在这一阶段，人们不再只根据客观规则进行决策，更多的是依据个人经验。根据经验判断某些情景特征比其他特征更为凸显。学生能本能地运用这些模式，而无须解构这些模式，这并不是说整体性就排除分析性，熟练者根据直觉组织和理解任务的同时，也会对要做的任务进行分析性思考。因此，熟练者总是在直觉理解与理性的、审慎的行为之间摇摆。

（5）专业技能阶段（expertise stage）

在这一阶段，一切依赖于直觉，有意识参与被无意识参与所取代。专业技能不再是分析性的、运算性的，而是非理性的、直觉的。因此，技能习得的整个过程是一个逐渐自动化的过程：从原子分析到整体识别；从有意识到无意识反应；从分析性决策到直觉性决策。

在翻译教学中必须遵循这一循序渐进的能力发展规律，起初要刻意培养学生识别各种翻译模因的自我意识。教师要针对各种翻译模因有计划、有步骤地要求学生进行反复的翻译训练，并要求其翻译行为明确地受到意识的监控；随着翻译专业技能的发展，学生识别相关情景特征的能力和选择恰当翻译策略的能力逐渐趋于自动化，最终成为一种直觉，这样，清醒的意识就演变成了学生能够随意运用的一种工具。

三、错误分析理论

（一）错误分析理论概述

在错误分析理论倡导者科德（S.P. Corder）的《论学生错误的重要性》中，首次阐述并形成了错误分析理论，在目的语中所形成的错误反映了学生对目的语知识的习得还未完全掌握或不全面。由此可以看出，由错误分析理论来指导外语教学是一大发展与贡献，可以通过对目的语错误的分析来探索语言学生语言错误的某些规律并进行总结，在此基础上将其上升至理论高度并对其错误的规律性问题统一进行阐述。在翻译教学中如果能够通过错误分析理论对学生翻译中的错误进行分析，即可了解其在学习过程中的欠缺和困难，有助于轻重有序地组织教学。

（二）错误分析法对英语翻译教学的启示

在课堂教学中传授翻译技巧，同时培养学生的独立思考能力。在课堂教学中，教师应通过大量优秀译文的灌输逐步让学生自己体会英汉两种语言思维方式和表达习惯的差异。学生遇到困难时，教师不设标准答案，让学生尽可能多地独立思考，写出有自己想法的多种翻译答案，尽可能让学生多实践。在对翻译实践训练的过程中，教师首先要冲破障碍，运用错误分析理论去切实培养和提高学生的翻译能力。因此，非英语专业翻译教学的重点是首先培养和提高学生的语言能力、双语能力，之后再进行翻译理论技巧的训练，启发学生自己找到解决问题的方法。

由于翻译涉及源语和目的语之间的转换，自然离不开英汉两种语言，因此，还要格外注重学生双语基本功的培养。首先，要求学生对汉语源语能够正确把握结构及深层含义。其次，要有扎实的英语语法知识和足够的词汇量，还要求有良好的中英文修辞方面的知识和技能。所以，在大外的英语教学尤其是翻译教学中，要重视对学生综合语言技能的培养。教师应分析学生对目的语的输出错误并寻求其规律，有针对性地制订教学计划并运用恰当的教学方法。

四、功能对等理论

"功能对等"是奈达翻译理论的核心概念。"功能对等"，就是说翻译时要在两种语言间达成功能上如语义、风格和文体等各方面的对等，而不是文字表面意义的死板对应。翻译的作品既要传达出词汇的表层信息，也要能反映出其背后隐含的文化深层信息。由于原语和译语文化背景差异巨大，在翻译时形式很可能掩藏源语的文化意义并阻碍文化交流。要想使所翻译的作品读起来清晰、通顺、易懂，并在译语读者群中产生与原语读者群一样的效果，就必须打破原文的语言结构，改变原文的形式，采用译入语的表达习惯与表达方式。这样才能实现真正的对等：词汇对等、句法对等、篇章对等以及文体对等。

（一）词汇层面的对等

无论英语还是汉语，词汇是构成语句的最基本单位，而语句又进一步组成段落，因此要达到语义对等，首先应从词汇对等开始。

例1：

做作业 do homework

做饭 cook a meal

做衣服 make clothes

做梦 have a dream

在汉语的词汇中一个同样的"做"字，翻译成英语时却用了不同的词汇。如果学生在做翻译练习时不对源语言进行分析，没有弄清楚汉语的真正语义就匆忙转换，那么出错就不可避免。因此翻译时首先要弄清汉语原文的具体含义，然后才能转换为相应的英语动词。

例2：

浓茶 strong tea

浓汤 rich soup

浓雾 thick fog

浓烟 dense smoke

汉语中的"浓"不能一概用 thick 来表达，因为英语中对于"茶""汤""烟"有其对应的形容词来修饰。

例3：

have a cup of coffee 喝杯咖啡

have a meal 吃饭

have a meeting 开会

have one's hair cut 理发

have a talk 谈话

虽然汉语中的动词远远多于英语中的动词，但是英语中有语义各异的"万用动词"have 和 make。

因此，为了把相同的概念表述清楚，在翻译过程中要将英语中相同的动词和汉语中不同的动词进行对应的转换。

（二）短语层面的对等

多个不同的单词组合构成短语后，便拥有了更强大的表意功能，让译者在更大的语言单位内转换信息、完成翻译任务。英语和汉语都有大量的短语，因此短语对等在翻译教学中是非常重要的。在平时的教学及课外练习中，会有一些相应的短语练习，即给出汉语短语，要求写出英语短语，或者相反。这些短语翻译练习主要涉及一些词语搭配，不可否认，在有些情况下，这样的练习对于大学生成功翻译语句是必不可少的，也是强化大学生英语语言知识的重要途径之一。

（三）句子层面的对等

句子是言语交流中最基本的语言单位。要让目标语的接受者在最大程度上体验到与源语的接受者相似的感受，就要力争在互译中做到语句的对等，即很好地译出源语句子的意思，这也是翻译的关键所在。

英语叙述呈静态，倾向于多用名词，因而介词的运用发挥出很大的优势；而汉语倾向于多用动词，呈动态。如果学生掌握了这一知识，则对于很多译文的翻译就会地道很多。

五、功能翻译理论

功能翻译理论以目的为总则，把翻译放在行为理论和跨文化交际理论的框架中，实现了翻译理论从静态的语言翻译象征论向动态功能翻译分析法的转化。

功能翻译理论注重译作在新的文化语境里的传播与接受、跨文化传递行为的最终目的和效果和译者在整个翻译过程中所起的作用。因此，该理论为商务翻译活动从宏观角度提供了理论依据。

（一）通过目的性原则对英语翻译进行指导

功能翻译理论认为，任何翻译都是有目的的，或要实现一定功能的，且翻译行为的目的是决定翻译过程的最高法则。在大学英语翻译实践中，基于目的性原则对原文本传递的多元信息进行有选择的翻译，可提高翻译质量，达到预期的翻译目的。商务文本翻译是在源语语篇和目的语语篇之间建立一种功能对等的关系，即目的语语篇和源语语篇在思想内容、语言形式以及交际功能等方面实现对等，完成完整的交际行为。因此，信息传达的真实性和读者效应是商务文本翻译的核心。

（二）通过连贯性和忠实性原则对英语翻译进行指导

功能翻译理论的连贯性原则和忠实性原则有助于译者较好地实现译文的文本功能。商务文本的一个显著特征就是文本的连贯性，主要体现在文本的程式化和术语一致性方面。因此，就商务翻译而言，忠实性还应体现在译文应精确地传译商务术语，做到译文的简洁、严密和庄重同译文的规范性、整体性以及礼貌和功能等方面的对等。商务文本翻译的忠实性就是要求译文有较高的准确性，这种准确性除了要求对商务术语进行正确的运用外，更重要的是要求译文在传递原文所包含的基本信息方面较少失真。

六、图式理论

图式包括语言知识、社会文化知识和其他知识。根据这些知识的不同性质和特点，图式可以分为三大类：语言图式、内容图式和形式图式。语言图式是指读者先前的语言知识，即关于语音、词汇和语法等方面的知识。内容图式是指文章的内容范畴，是文章的主题，因此内容图式又被称为主题图示。形式图式通常也被称作文本图式，或者也称修辞图示，是有关各类文章篇章结构的知识。

图式理论揭示言语理解的本质，对认识翻译起着积极的指导作用，从而给翻译教学带来启示。在翻译教学中，教师除了自身掌握图式理论外，还应帮助学生认识图式理论在翻译理解阶段和表达阶段的重要作用，学习有效运用图式的策略，并通过各种翻译实践活动加强学生运用图式的意识。

（一）教师应帮助学生建立和完善丰富的语言图式

语言是传递信息的工具，没有相应的语言图式，就无法识别原文的词句，也就无法利用原文提供的信息和线索去调动大脑的内容图式和形式图式，也就谈不上对原文的理解。因此，语言图式是词汇、语法和习惯用法等方面最基本的语言知识。掌握了这些基本的语言知识，才能使学生更容易进行解码，消除最基本的翻译障碍。这就要求在翻译教学中，教师应使学生加强方方面面知识的积累，包括对词汇、语法和习惯用法等最基本的语言知识的掌握。

（二）教师应帮助学生建立和扩充丰富的内容图式

所谓内容图示的建立和扩充，就是指对文化背景知识的了解和丰富。对一个民族文化背景知识缺乏了解，往往是造成阅读困难的一大因素。所以说，内容图式在阅读理解中的作用大于语言图式，它能帮助读者预测信息、选择信息和排除歧义，能加速并提高读者对文章的理解，在一定程度上能弥补语言知识方面的不足。

（三）教师应帮助学生强化对形式图式的理解与运用

不同文章都有着各自的特点和框架。例如，政治性的文章通常是比较性的，新闻性的文章通常是描述性的，历史性的文章通常是时间性的，等等。对文章体裁结构的了解也有助于文章内容的了解，对这些知识的了解就是形式图式的建立。翻译不仅是字词句的理解与表达，更离不开宏观上对语篇层次上的结构分析与理解。因此，在翻译教学中，教师应帮助学生掌握其逻辑关系和内在联系，这样既有助于加深学生对原文的理解，又可以提高学生的思维能力。

第四节　英语翻译学习的重要性

一、英语翻译学习的意义

在人类社会发展的历史上，语言交际一出现，就伴随着翻译活动。翻译是不同民族之间用不同的语言进行交际的不可缺少的手段。毫无疑问，各族人民的相互交往自然少不了口头语言翻译的发生，口头语言的翻译必定早于书面语言的翻译。文字出现以后，各民族间的文字翻译就越来越多。进入 21 世纪，各国间的政治、经济、思想、文化、科学技术等的交往日趋频繁。我国在经济等方面正在与世界接轨，加强了与世界各国的联系，这些都离不开翻译。

在人类社会前进的过程中，翻译肩负着时代的需要、历史的重任，始终与社会的进步、文明的发展、科技的创新、人类的命运休戚与共，紧密相连。新的时代、新的形势、新的目标和新的任务必将有力地推动翻译事业的蓬勃发展，同时给各类翻译教育的加强以及各行翻译人才的培养提出更新、更高的要求。

学习外国语言的人，不仅要把语言学好，还要学会中外不同语言互相转换的本领，要掌握翻译的能力。同时，翻译也是一种外语教学和学习中不可或缺的方法。就学习语言本身而言，翻译对学好外语是很有帮助的。

二、英语翻译学习的价值

一个独立的社会群体往往会有一套完整的价值体系。面对翻译，人们遵从特定的价值基准而抱有一套信念、原则和标准。翻译的价值一般侧重于社会文化交际价值、美学价值和学术价值。

（一）社会文化价值

社会的变革、文化的进步往往与翻译分不开。历史上许多著名的翻译家都以促进社会进步、弘扬优秀文化为己任。

严复以探究"格致新理"来促进国家富强，他是以译书来实现其价值目标的。鲁迅先生视科学翻译[①] 为"改良思想、补助文明"之大业。在他的翻译生涯中，科幻、科普翻译占有举足轻重的地位。鲁迅于 1903 年开始翻译活动，从日语转译儒勒·凡尔纳的科学小说《月界旅行》，1904 年译《北极探险记》，1905 年译《造人术》，1907 年译《科学史教篇》，1927 年写《小约翰动植物译名》，1930 年译《药用植物》，等等。对于科学翻译的意义鲁迅先生早已阐述得十分清楚。

---

① 从鲁迅的翻译实践看，这里的科学翻译似应包括科普读物（popular science）的翻译以及科学小说（science fiction）或科幻小说（science fantasy fiction）的翻译两个方面。科普翻译属于应用翻译。

纵览世界历史不难发现，冲突、对话、融合历来是文化发展的主题，翻译一直担负着调停人、中间人的作用。翻译的价值也正在于此。

（二）美学价值

无论是文学翻译或应用文体翻译都有一个审美过程，只是美的体验不同、意境不同、表现方式不同而已。研究表明，无论旅游翻译、新闻翻译、广告翻译，甚至科技翻译都有美学要求。当然，总体而言，文学翻译的美学价值表现得更充分。

马建忠的"善译"、林语堂的"忠实、通顺、美"、许渊冲的"三美"，无不把"美"作为翻译标准。许多优秀的译者都把追求完美视作他们生命的价值。

（三）学术价值

翻译的学术价值并不在于翻译作为一项实践活动本身，而是说通过翻译，或以翻译为手段，人们进行学术研究，从而体现它的理论意义。

首先翻译学的学术研究离不开翻译实践，翻译实践是翻译理论的土壤。翻译过程作为一种心理活动虽然不能量化，但它是可以被描写的。翻译的结果是可以鉴别和比较的，从而可以确定它的优劣。

翻译研究作为科学研究必须以事实为依据，译文就是翻译的事实。科学研究需要实证，即用实际来证明，现代化的计算机大规模实证研究就是建立在翻译语料库基础上的。

翻译和翻译过程不仅是翻译研究的直接对象，而且也是许多学科的研究对象。哲学一直关注人、思维、语言、符号和世界的关系问题，特别是语言与思维的关系问题，语言哲学与翻译更是密不可分。维特根斯坦的语言游戏说、奎因的翻译的不确定性、海德格尔的现象学翻译观、德里达的解构主义、戴维森的不可通约性，从不同的角度或解释翻译活动的现象，或给翻译研究以形而上的启迪。

文化学、比较文学、计算机科学等多种学科都以翻译和翻译过程为手段或依托开展理论研究或实践研究。

第二章 英语翻译教学的发展历程

大学英语翻译教学是整个大学英语教学中一个非常重要的组成部分。本章的主要内容是英语翻译教学的发展历程，分别从三个方面进行论述，依次是英语翻译教学概述、英语翻译教学的改革趋势、英语翻译教学的现状。

第一节 英语翻译教学概述

一、英语翻译教学培养的基本能力

（一）语言分析与应用能力

翻译工作的主要对象是语言，旨在将原文的语境意义与交流日常中所需的意义进行对应转换。因此，译者需要花足够的时间来进行语言分析。这种分析包括对语义（意义和意向）的分析、对语法结构的分析以及对语段或语篇的分析。通过正确地分析语言的组成和结构，译者能够更准确地理解语言内容和形式，并能够灵活地运用语言。可以这样说，在进行翻译教学时，所有的计划、措施、科目设置、教学环节和进程安排都应遵循培养学生能力的原则，其中最重要的是培养他们的语言分析和运用能力。

（二）文化辨析与表现能力

语言和文化密不可分，特别是意义方面，它与文化的联系非常紧密。进行语义分析时，需要考虑文化背景对结果产生的影响。在许多情况下，理解特定词语或其意义需要考虑到文化差异，这已经超出了简单的语义分析领域。文化背景是进行语义分析的最根本的依据。除此之外，语言的文化色彩贯穿了词汇、短语、句子以及语段等不同的层面。每个功能层级，比如语音、文字、文体和风格等，都必须考虑到其文化意义。这都需要译者具备对内容的区分和理解能力。

（三）审美判断与表现能力

审美判断是与语言文化分析相伴随的。事实上，在翻译中所需进行的审美判断，并不仅限于文艺风格，无论是公文、科技文或其他文体，都必须考虑用词和用句是否贴切、恰当，这即是审美。对于审美任务，尤其是涉及意境、意象和风格把握等高层级的任务，需要进行系统化能力的培养，因为这些任务的复杂性要更高一些。人的审美判断能力并非天生具备，而是来源于积累的审美经验，因此培养这种能力非常关键。

（四）双向转换与表达能力

高级的语言转换技能包括能够双向表达语言。"双向"的意思是指可以在语言甲（源语）和语言乙（译语）之间相互转换。在翻译时能准确地表达双方意思，而不改变原有含义并不是一件简单的事情，这是翻译不可或缺的重要能力。首先，当我们表达时，已经进行了语言分析、文化辨析和审美判断三个方面的思考活动，并期望将这些思考整合在表达中，使其达到有组织、高级的形式。这标志着我们的思维已经进入了更高一级的形态。其次，表达是经过整合、归纳的高级思维内容的"句法赋形"，需要经过有计划的培训才能达到标准。

（五）逻辑分析与校正能力

在前面的内容中提及了语言表达中的逻辑难题。表达过程中的逻辑问题的根源在于思维逻辑，就像上面所说的那样。对于翻译来说，理解并遵循思维逻辑的科学性是至关重要的，其中包括概念的清晰明了、判断的有序规律以及推理的前后一致性。有时候翻译对词语和句子的把握并没有错误，但由于逻辑上的问题，使翻译效果不够成功。

上述五个要素被认为是培养翻译能力的核心方向，同时也被看作构成翻译能力结构的五个关键维度。事实上，翻译能力培训的过程类似于增强学员对翻译知识认知度的过程，这也是他们从对翻译不甚了解的状态逐步提高认知水平，最终达到深入理解的过程。

二、英语翻译教学的原则

迄今为止，尚未有一项科学研究能够准确描述出一种理想化的教学方法。同样的，翻译教学领域也面临着类似的问题。本书无法涵盖所有的教学方案，也无法确定最优的教学方法。我们需要结合相关教育教学理论，通过分析相关文献以及观察实际的翻译教学情况，寻找那些可以提升教学效果的准则，并将其作为我们探索的方向。

（一）突出学科特点原则

在教授翻译时，主要着重强调翻译学的特征和教育学的性质。具体来说，无论是选择教学内容还是运用教学方法，都必须同时考虑到自身的理论基础和教育学的发展趋势。在口译教学中，我们需要考虑口译的实时沟通、瞬时记忆以及注重表达的重要性。同时，我们需要综合教育学中关于记忆和思维的理论，并据此确定教学的策略与方法。

（二）以学习者为本原则

随着人本主义理念的深入，教育者逐渐意识到学习者的主导地位，鼓励他们充分发挥自己的主观能动性，通过建构知识和提高能力来完成学习目标。教师则扮演着促进、指导和协作的主导角色。

（三）互动合作原则

社会学习理论强调个体行为受到环境的影响，并且环境也会受到个体行为的影响，二者相互作用、互为因果。支持合作学习理论的人士则认为，应该营造一种学习氛围，促进学生在异质小组中互相合作，共同实现学习目标和提高个人学习效果。借助现代教育技术，例如网络和多媒体等工具推进翻译教学的互动性，促进师生之间的协作，以提升教学质量并改善教学氛围。

（四）问题探究原则

随着创新教育理念的推广，越来越需要培养学生广阔的视野和思维以及提升他们的问题意识和创造力。发现学习理论认为学生在知识探究中扮演着积极的角色。在教授翻译技能的过程中，引导学习者广泛搜集信息，并积极思索探究。这种方法可以提高学生的应变能力和创新能力，从而培养出优秀的翻译人才。

（五）开放发展原则

翻译教学是一个具备开放发展性的教育领域，这点与其他教育领域一样。建构主义认为，学习是主体与客体间的相互作用。知识建构是一个不断发展、演变的过程。这里所说的发展有双重意义：首先，学生可以在学习过程中将认知和个性融合，实现二者的有机结合；其次，随着现代的教育技术、教育学和语言学等理论的不断进步，教学理念和方式也在不断演变和改进。

传统的翻译教学主要受到行为主义刺激—反应论的影响。虽然这种方法能够奏效，但它与以学员为核心、注重互动的教学理念存在显著差异。我们应该建立一个以学生为核心的学习环境，以任务为导向，利用现代教育技术来提供支持。这种环境应该鼓励学生反思翻译理论并进行技能训练，同时利用实践来检验教学和学习成果，促进互动合作。

三、英语翻译教学的基本形式

（一）以学习者为本，倡导自主式教学

这种教育方法以人性化教育理念为基础，教师不仅关注学生的整体需求，同时也能够考虑学生间的个体差异。在课堂上，老师会因材施教，调动学生学习的动机和兴趣，提高他们的自主学习能力。人本主义理论的核心是强调个体的情感、感受、信仰及思想在教育过程中的重要性，以学生为中心，以兴趣为基础，并以激发学生的成就动机为引导，使学生在认知过程中得以充分展现自我。通过学习将推理能力和感性认知、理智分析和情感体验、抽象概念和具体经验、观念思维和内在意义融为一体。

依照这一理念，教授翻译专业课程时应注意满足学生的学习需求，并激发他们的学习兴趣和积极性。因此，应根据学生在年龄、性别、个性、认知情况和学习策略等方面的差异，制定相应的教学材料并设定相应的学习任务。为了达成教学目标，需要将综合性教学与个性化教学相结合进行教学。教师也应该负责引导学生找到有效的学习方式和策略。他们应该鼓励学生建立学习目标，教会他们如何自我评估，并帮助他们掌握学习的内容和方法，还应该指导学生如何自我管理学习行为。

为了鼓励学生积极主动地学习，我们根据学生的知识技能程度、个性、学习习惯（如视觉、听觉、动觉学习者）以及元认知策略和社交情感策略的差异，采取了同伴教学、小组讨论、角色扮演、翻译工作坊、学习档案袋和成果展示等丰富多彩的方式，以增强学生的学习热情和主动性。

实践表明，教学时尊重学生的学习方式，使他们能更有效地选择符合自身学习策略的方法，从而提高学业成绩。另外，学生还可以通过自我思考和自我评估，使用各种不同的学习资源（例如网络、教师、教材、同伴、专家、学术期刊等），并采用不同的学习方法（例如讨论式、专题式、演讲式、任务式和探究式等），真正做到自主性学习。

（二）以任务为中心，鼓励合作探究式教学

这个方法基于建构主义和合作学习理论，这两个理论是其主要的理论基础。发现学习理论强调教师需要营造一种独立探究的环境，激发学生的好奇心，以培养他们的内在学习动力，让学生在探索学习的过程中组织并获取信息。学生通过自主思考探索新知识的过程是一种主动认知的过程。推广合作学习，通过小组合作等方式，充分促进学生个体和集体的学习。合作学习是一种教学方法体系，旨在通过达成共同学习目标来实现学习效果。

合作探究式教学提倡学生在特定的情境下，通过互相合作、探索等方式，积极主动地掌握必要的信息资源，以此来建构自己的知识体系。这个学习过程中教师并不只是进行知识灌输，而是扮演着促进学习和鼓励学生的角色。这就强调了学生在学习过程中的主动性、目的性以及合作性等。

该方法强调在翻译教学中以任务为中心。一是因为翻译的实践性和跨学科性较强，以任务形式组织教学活动有助于增强教学效果；二是目前任务型教学理念已经比较普及，未来的大学生早在基础教育阶段对该教学模式就有所接触，且了解其程序及功能，有助于开展教学。该方法应用范围广泛，无论是翻译理论学习还是翻译实务演练，无论是知识建构还是技能操练，都可以进行任务型合作探究。

可以设定某个学习主题，在此基础上确立教学目标，并将学生分组。接着，根据一定的程序、顺序、进度等安排学习活动，运用相关的教学资源和学习策略，并在合作探究中协同完成活动。最终可以评估学生的学习成果，并进行相应的评

价。针对翻译理论课教学中的多样性，可以通过选定主题或研究对象的方式来引导学生掌握相关理论知识，例如研究翻译标准、探讨译者的作用和理解译学框架等问题。在这个过程中，教师会提出研究任务，并为学生提供相关的学术网址、杂志名称、研究概况等资料。同时将学生分成小组进行资料查找和互相研讨，并咨询专家的意见。在一个月的时间内，学生需要撰写一篇约5000字的学术论文，以展示他们对该领域的理解和思考。最终，以创新性、理论深度、实践应用性、语言文学水平和学术规范等综合因素为基础，对论文进行评估、确定其重要性及质量，并将评估结果计入小组总成绩，作为课堂绩效的重要组成部分。通过这种方法，学生的探究能力和合作精神能够得到提升，同时也能够在一定程度上增强他们的科研意识，深化对翻译理论的理解和感受。

通常情况下，专业翻译者在翻译实践中会多次检查自己的译文，以确保其准确无误并能够准确表达原文含义。然而研究表明，学生往往很少在翻译后再次检查译文，这是专业翻译者和非专业翻译者之间的一个区别。因此，在教学中，教师应鼓励并要求学生在翻译过程中审视译文文本，这种检查应该深入到文本背后的含义，而不是简单地重读，需要重新思考。

首先，学生需要从翻译素材本身入手，核查原文是否存在错误。其次，学生需要回到源语和相关的源语材料中与翻译进行比对，来确定两种文本是否存在一定的语言偏差。为了帮助学生更深入地理解翻译理论，教师应该提供一些基础知识，并让学生将这些知识应用到实际翻译中。这样可以培养学生的洞察力，以便将来在其他类似的翻译任务中更加游刃有余。在此过程中，教师使用的仍然是传统式的教学方式，他们会要求学生检查译文、发现问题并进行改正。除了指导实践，他们还需要教授学生有关翻译理论的基础知识，并鼓励学生将理论与实际操作相结合。在这一阶段，学生扮演参与者的角色，可以积极主动地参与翻译，发挥作用。在审校翻译的过程中，译者的灵感和创造力是至关重要的。

除此以外，还有一些课外的任务需要完成。实际上，课堂时间十分紧凑，但对于翻译而言，最为关键的因素便是充足的练习，因为这能够增加学生在翻译实践和知识方面的经验，并提升他们的语言能力。无论是在课堂上还是在实际交流中，语言知识都是翻译必需的基础，而它和翻译能力之间有着密不可分的联系。因而我们需要把这些知识视为翻译工作的重要组成部分。同时，在一定程度上，翻译的进行也受到知识结构的影响。为了化解这种矛盾，建议教师尽力为学生提供书籍、杂志和网站的资源，以便学生可以从中挑选并通过这些资源进行课外训练和知识扩展。除了教课以外，教师还应安排一定时间来检查学生的课外自学情况，或者提供问答环节来给学生解决疑惑。在翻译教学中，有效的课外练习监督是非常必要的。在此时期，教师的角色是向学生提供信息和咨询。他们需要提供足够的学习资源或高质量的翻译文本，并协助学生解决与翻译过程相关的问题。学生的职责在于执行指令并提出问题。为了达到教师要求的标准，学生需遵循教师的指示，并及时向教师反馈任何不明白的问题以获得解决方案。

（三）重视互动式教学

这个教学方法的主要理论基础是社会学习理论。这个理论认为行为、个体（特别是认知等其他个人因素）和环境是一个相互连接的系统，它们之间相互影响，但作用的强度取决于不同的活动、个体和环境条件。它强调人类的学习有很多都具有认知性。人类学习的主要来源是反应的结果和对周围环境的观察。学生们彼此交流启迪，互相影响，积极构建自身的知识体系并不断学习。

这种互动的作用体现在教学实践中，可以指课堂上的学习活动、教师与学生之间的互动以及学习环境对学习的影响。这些因素之间的有效交流与合作，将直接有助于学生知识和技能的提高。在传统的注入式教学中，交互作用将很难实现。因为传统学习环境主要依赖于黑板、粉笔和教材。这种情况下，通常是教师拥有学习资源并主导课堂，掌控话语权，而学生则处于被动接受状态，缺乏话语权。这种情况下的信息传递是单方面的，缺少民主互动。为了提升教学效果，我们需要创设宽松的教学氛围，改善教学和学习环境，并鼓励各种教学要素之间的交流互动。这一教学方式可以与多媒体、网络技术等相结合，因为现代教育技术创造了更加自由、灵活的交流环境，并能够支持师生、同学以及人机之间的双向或多向互动，以促进学习效果。

在讨论翻译技能或合作完成翻译任务时，我们可以用电子邮件、博客、网络音频等简单方便的方式来进行跨文化交流。此外，无论是国内还是国外的各种学术资料网站、报纸摘要以及引用数据库等，都提供了大量的丰富多样的资源，供译者进行检索和利用。为了激发学生互动学习，口译教学可以模拟国际会议、商务谈判等不同情境，以帮助他们更好地应对实际口译工作。同时，通过同伴、教师、专家以及计算机等不同方面的反馈，促进学生识别和改正各种问题，例如不当的用语搭配、逻辑混乱、不准确或过量的翻译等，引导学生不断练习，并及时修改，提高口译水平。在传统的翻译专题讨论或者课堂教学中，及时进行师生和学生之间的互动非常有益。这不仅可以使翻译课堂变得更加生动，避免理论解释或技能分析过于枯燥乏味，还有利于提高教学效果。

（四）重视运用现代教育技术教学

随着当代教育技术的发展，多媒体、网络以及语料库等工具在外语教学中的应用越来越普遍，这不仅丰富了教学资源，还改变了传统的教学方法和手段，摒弃了仅仅依靠"黑板 + 粉笔 + 课本"的单一模式。目前，多媒体信息系统已将文字、声音和图像等要素融为一体，具备了静态和动态、视觉和听觉等多种呈现形式，简洁易用，能实现用户与系统之间的互动。

学习者和翻译人员可以通过互联网获取大量的超文本信息资源，并利用互联网的技术支持和便利条件进行实时交流和非实时讨论，这方便了教师和学生之间的互动交流。电脑语料库在外语教学研究中被广泛应用，原因在于它具有信息容量大、语料真实、便于检索等优势。除了用于编写教材外，它还可用于研究学习语言，因此日益显示出其重要性。在教学课堂上，语料库可以通过数据和语境的共同表现形式展示大量具有真实意义的实例，这对学习者的知识认知和建构十分有益。

现代教育技术带来的新型教学方法和工具可能成为推动外语教育现代化的关键突破。现代翻译教学手段得到发展，得益于现代教育技术的推进。在教师授课、学生学习和师生交流等方面，多媒体和网络已经成为不可或缺的信息展示方式、资料来源途径和交流沟通工具。在教学中，也加入了机器翻译、自动编辑与校对软件的应用以及信息传递等方面的内容。特别是在口译或同声传译教学中，如果没有语言实验室、翻译箱等设备，则无法有效展开教学。

如今，获取翻译信息和实例的方式越来越多，包括网络、电视、广播等媒体。在翻译学习中，利用多媒体展示教学内容也成为一种流行的教学方式。一些教师会把关于翻译理论流派的核心知识、教案和教学反思等上传到网络并与相关网站链接，用来展示相关知识背景、研究动态和发展方向，以便更深入地帮助学生理解。部分教师利用多媒体工具与学生分组讨论翻译中的热门议题，例如翻译理论框架、发展趋势、最新研究进展、从业规范等，以此营造师生之间的互动和交流氛围。一些教师试图开发翻译教育软件并构建翻译教育平台，以便在课堂上实时监测、反馈和个性化指导学生的翻译过程。同时，学生可以随时掌握自己的学习状态。一些翻译教师会利用不同来源的资料，创造出各种类型的教学资源库，比如翻译英语语料库、会议翻译资源库、翻译学派资源库等，并将它们应用于课堂教学。这些资源库的目的是激励学生通过检索了解某一翻译现象在口、笔译实践中的使用频率、常见的处理方法以及其效果等方面的信息。通过对语料库资源（包括文本等值概率分析、译文风格分析等）进行分析和利用，研究人员总结出规律，并提升了翻译技能和能力。总的来说，电脑已经由辅助教学变成了教学的重要组成部分，这是信息技术迅速发展的结果。

四、高校英语翻译教学的基本目标

有学者认为，评估翻译作品的质量可以根据"原文之形，译文之义"这一标准进行。为了细化这一标准，高校外语翻译教学中的《课程要求》提出了三个不同层次的目标要求。一般要求学生能够使用字典翻译熟悉题材的文章，英汉互译速率为每小时大约 300 个英语单词和 250 个汉字。翻译要基本正确，没有重大的理解和语言表达错误。较高一点的要求是能够准确翻译所学专业的英文文献资料，能够使用词典翻译英语国家常见主题的报刊文章，英汉翻译速度为每小时大约 350 个英语单词，汉英翻译速度为每小时大约 300 个汉字。译文应该流畅清晰，准确表达原意，且运用适宜的翻译技巧。在此基础上再高一级的要求是能够运用字典翻译涉及专业领域和英语国家报刊中较为复杂的文章，能够翻译介绍中国国情或文化的文章。每小时大约能翻译 400 个英文单词或 350 个汉字。翻译准确，基本没有错译或漏译，语言流畅易懂，语言表达错误很少。高校外语翻译教学的基本目标是让学生达到一般翻译要求。

五、高校英语翻译教学的主要内容

（一）英汉语言差异

由于翻译是目的语和母语这两种语言间的变换，翻译教学的首要内容就是两种语言间的差异。对我国的高校外语翻译教学而言，翻译就是英语和汉语之间的变化，因此，我国的翻译教学必须注重英汉两种语言之间的差异。有学者从 10 个方面对英汉两种语言进行了对比，其中，前半部分是英语的特点，后半部分是汉语的特点。当然，英汉语之间的差异远不止这 10 个方面，但这些方面的特点基本上总结了英汉语言之间的差异。高校外语教师在翻译教学中很有必要给学生传授一些此方面的知识。这可以有效减少中式英语或者英式汉语出现的频率。

（二）英汉文化差异

翻译还被认为是一种跨文化交际活动。而由于诸如地理环境、意识形态、宗教信仰、历史等方面的不同，不同文化下的语言在从表达形式到表达内容等很多方面都有区别，因此翻译与文化紧密相连。李建波从语用意义、历史典故、文学作品等方面对英汉语言中的文化差异进行了探讨，并讨论了"高校外语翻译教学中处理文化差异的基本原则与方法"。翻译教学中适当地介绍母语与目的语之间的文化差异有助于减少理解上的误差，缩小两种语言间的距离，增强跨文化交际的顺畅度。

（三）常用翻译方法

翻译是各族人民沟通思想、交流的重要手段，也是学习外语的重要方式之一。翻译分为翻译理论方法和翻译实践两部分，二者之间是辩证统一的关系。翻译实践是翻译理论方法的基础，又常被用来检验翻译理论方法是否有效。翻译理论方法是对以前的翻译实践经验的总结，对这些理论方法的掌握有助于提高我们的翻译水平，促进翻译实践。张培基等认为，翻译常用的方法有增词法、重复法、省略法、正反—反正表达法、词类转译法、分句—合句法等，而在实际的英汉翻译过程中，除了一些常用的翻译方法之外，翻译者还需注意两种语言中特定句子结构及形式、特殊语言现象的翻译，如被动语态、名词从句、定语从句、状语从句、长句、习语、拟声词、外来词等。

（四）翻译核心策略

为了更好地将翻译内容通过目的语加以传递，或者在母语与目的语之间实现完美的转换，翻译过程中必须坚持一定的翻译策略。常见的翻译策略有三种方式：归化与异化、直译与意译、拆分与组合。

1. 归化与异化

归化与异化的概念最先由美国翻译理论家劳伦斯提出，它是翻译的策略与评判标准。归化译法以目的语文化为最终归宿，译者要以目的语文化中的读者为目标读者，因此，归化是通过采用目的语读者所习惯的方式来对原文的内容和信息进行表达。而异化则以源语文化为最终归宿，译者要以源语文化中的读者为目标读者，因此，异化是通过采用源语读者所习惯的表达方式来对原文的内容和信息进行表达。相对而言，归化有助于产生更流畅的译文，读起来可以使读者产生亲切感，有利于交流的顺畅；而异化有助于确保原文意义的真实性，读起来更有异国情调。

2. 直译与意译

直译与意译是翻译中常用的策略，主要聚焦于译文在形式及内容上与原文的一致关系。直译强调的是译文在形式及内容上与原文完全一致，即参照原文的信息和风格进行翻译；意译强调的是译文的内容与原文一致，但表达形式却与目的语一致，当前文学作品多采用意译的方式进行翻译。直译以源语读者为主要对象，而意译则以目的语读者为主要对象。

3. 拆分与组合

拆分与组合的翻译策略更加适用于英译汉，而非汉译英。拆分主要是指拆分英语句子中的语法结构，因为英语是形合型语言，无论句子有多复杂，句子内部都是由一定的语法手段及逻辑手段连接起来的，所以英译汉时要先通读整个句子，然后根据语法结构和逻辑关系将句子拆分，主要是主从句的拆分、句子主干与其他辅助成分的拆分。在完成句子结构的拆分之后就需要进行句子的组合，组合是汉语句子的组合，是将原句所表达的意思按照汉语习惯进行重新组织的过程。由此可见，拆分与组合其实可以看作归化的一种形式。

六、高校英语翻译教学的常用方法

与高校外语教学中的其他领域的教学一样，翻译教学也需要讲究方法。在一定教学方法指导下的翻译教学将更加符合教学实际，也更能满足学生需求。栾奕认为，翻译教学应该讲究方法，而翻译教学中常见的教学方法有九种：重视理论和实践的结合、重视翻译教学和语言教学的结合、重视经验论和方法论的结合、重视汉英互译的结合、重视翻译教学中的学习自主性的培养、重视翻译教学中的任务型教学法、重视翻译教学与现代教育技术的结合、重视汉英语篇对比、重视工具书的使用。从这些翻译教学方法可以得知，翻译教学中既要注重语言知识的积累，又要注重学生学习习惯的培养，还要注重学生翻译理论和翻译方法的应用，更要注重翻译理论和实践的结合。唐晓也提出将错误分析法运用在高校外语翻译教学中的建议，认为这一方法既可以使教师"有效了解学生学习情况、检查教学效果"，又可以"利用翻译中的错误信息有针对性地组织教学，采取相应的教学方法，促进教学质量的提高"[①]。

第二节　英语翻译教学的改革趋势

一、早期的翻译教学

中国有着悠久的翻译历史。在唐代，玄奘领导了一个佛经翻译场，开启了我国翻译人才培养的先河。在明代，中国设立了名为"四夷馆"的学校，旨在培养翻译人才，这是中国历史上最早的培育翻译人才的学校。了解翻译教学的历史，需要先回顾我国的翻译史和英语教育史。就我国的翻译史而言，由于原始社会未有文字记载，而夏商两代虽有一些文字记载，但现存的资料都非常简单，因此我们无法了解当时的翻译情况。翻译史上最早被记载的就是佛经翻译了。自东汉桓帝末年安世高翻译佛经以来，我国的佛经翻译到魏晋南北朝时期有了进一步发展，并在唐代达到了巅峰，但到了北宋时已经式微，直至元代后逐渐走向衰落。翻译佛经依靠的力量，主要源自两类人：一类是从西方到中国的僧侣，另一类则是中国的僧侣前往西方寻求佛法。许多翻译人员在国内学会了梵文。这也可以看出，当时国内没有开展翻译教学。

历史记载显示，明代建立的"四夷馆"是中国最早的专门培养翻译人才的英语学府。该校的毕业生被分配到各个部门负责翻译工作，但遗憾的是，他们并没有留下详细的翻译教学记录。只能猜测那时使用的教材可能是一本比较常见的双

---

① 任玲玲，张婷婷．高校英语翻译有效教学研究 [M]．长春：吉林人民出版社，2020．

语对照阅读材料。真正的翻译教学可以追溯到清末的京师同文馆与京师大学堂合并，并被改为翻译科之后。

1902 年，京师同文馆合并入了京师大学堂，并且改名为翻译科。不久之后，翻译科与新设立的译学馆合并，主要研究英语、俄语、法语、德语和日语。这标志着我国高等英语专业教育的开端。译学馆的课程主要是外国语文，同时注重学生对中文文字、语境的熟悉程度，目的是让学生毕业后具有外文书籍的阅读和翻译能力，能够进行口译，并且掌握编写词典的技能。与过去相比，译学馆在学生的选拔、班级分配、工作安排、课程设计及教育标准上都有明显的提升。据报道，京城同文馆非常注重实践翻译，在八年的时间里坚持进行翻译练习。他们先从练习翻译小型的便条和公文开始，逐渐朝着翻译书籍的方向发展。这可以被看作我国高等教育开始推动翻译教育的开端。

二、民国时期的翻译教学

（一）民国政府教育的翻译教学

1912 年 1 月，中华民国的成立使得清朝晚期的教育制度得以彻底改革，并且建立了全新的学制体系。高校可以开设外语课程，主要是英语，并强调教学目的是让学生掌握流利运用外国普遍语言文字的能力，从而提升智力水平。在 1915 年，新文化运动全面兴起，同时，很多教育研究组织和学会也相继成立。5 月，全国教育联合会成立并迅速成为当时最具影响力的组织之一。当前，英语已经成为一个重要的学科，明确了教育目标并采用了先进的教学技术。英语教育在大学中的地位得到了显著的提升，很多大学开设了专门的英语课程和学科。1912 年 10 月，教育部颁布了《专门学校令》，以"教授高等学术，养成专门人才"为宗旨，规定专门学校以提供高等学术教育。国立学校是专门学校的常见类型，私立学校也有资格成为专门学校。可以按照不同领域进行分类，比如政治、医学、药学、农业、工业、商业、美术、音乐、商船以及外语等。外语专门学校提供五门外语学习课程，包括英语、法语、德语、俄语和日语。遗憾的是，在 1913 年教育部发布的《大学规定》中，英语文学类仅包含英美文学和语言学等 11 门科目，而未涵盖与翻译教学相关的内容。除传统的"语法—翻译法"外，英语教学还采

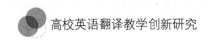

用了国外的"直接法"和"听说法",这种教学方法为国家培养了大量急需的英语专业人才。然而,这些都缺乏具体的翻译教学材料依据。

(二)延安时期的翻译教学

1941 年,面对抗日战争形势的急剧变化,中共中央和中央军委决定在紧张的战火环境下,成立一个俄文大队,旨在抗日军政大学培养相关专业人才。1944 年,随着英文系的创立,延安外国语学校的培养目标发生了改变。除了注重军事翻译人才的培养,还要重视培养外交人才。当时的课程安排涵盖了四个方面,包括朗读、语法掌握、会话练习和翻译技能。在《论英语教学》这本书中,付克对翻译教学进行了详实的记录,包括不同教学类型、课堂时间、教材、教学方式,以及教学中的难点等方面的内容。这是对翻译教学最早、最详细的记述。

在那个年代,延安外国语学校培养了许多杰出的翻译专才,并在翻译教学领域积累了极为珍贵的经验。这些经验对于后来我国翻译教学的发展具有重要的启示意义。中共中央编译局有一些毕业生参与了马列主义经典著作的翻译和审校工作,之后他们中的一些人致力于从事军事翻译和研究工作。

在 1870 至 1949 年的这段时期内,我国有无数学生前往国外深造。这些人在毕业后为我国翻译事业和中外文化比较研究方面作出了极为重要的贡献。瞿秋白、鲁迅、陈望道等名人是翻译界的佼佼者,他们曾经将许多世界名著和经典作品转化为中文版本。例如,陈望道将《共产党宣言》等文献翻译成中文。他们不仅积极参与了翻译实践,还提出了几个极为重要的翻译理念。在我国英语教学中,特别是翻译教学中,鲁迅和瞿秋白贡献颇丰。他们分享了许多宝贵的翻译经验和规范,这些内容不可或缺。

1949 年以前,大学的英语公共课程旨在提高学生阅读和翻译能力。主要的英语教学方法是语法翻译法,而翻译只是被视为英语学习的一种重要方法和测试学生英语理解能力的工具,并没有设置正式的、专门的翻译教学。

三、中华人民共和国成立后的翻译教学

(一)中华人民共和国成立初期

中华人民共和国成立以来,我国的英语教学进入了第三个高峰期。当时设立

的专业中，俄文专业比英文专业更多。根据高等教育部门的规定，俄文专科学校的首要职责是培养翻译干部和教学人才。因此，学校在开设课程时分别设置了翻译班和师资班。翻译班注重培养翻译人才，70%的学生是翻译培训的学员，而占总人数30%的是师资培训的学员。英语专业中的比例分配没有明确的规定。

1950年9月26日，教育部发布了高校文、法、理、工四个学院的课程草案，目的是给各校规划教学计划、安排课程、编纂教材等方面提供依据和支持。其中文学院外国语文系的授课宗旨为培养学生精通外语使用的能力，流利的翻译能力，并且以培养翻译干部、英语师资和外国文学研究人才为课程目标。除了公共必修课程，此系还包括六种必修课，其中包含英语基础、译作习作、国语学习、文言文选读、理论文选读、文艺理论批评。根据教育部的数据显示，在1953年，全国有8所高等师范院校开设英语系，学生总数为196人，教师总数为77人。因为当时一般的中学很少教授英语，普遍教授俄语。因此，存在英语教师供应过剩、而俄语教师供应严重不足的情况。许多英语专业的师范院校学生被分配去学习俄语，有些英语教学教师也改为教授俄语。

然而，在中国还没有真正启动专门的翻译教学。1958年北京时代出版社推出了陆殿扬编写的中国第一本英汉翻译教材《英汉翻译理论与技巧》，从此我国的英汉翻译教学拥有了实质性的依据。1964年制定的《英语教育七年规划纲要》规定，部分英语学院的主要任务是培养高级翻译人才，要求这些人拥有较高水平的语言和文学素养。这些政策的实施推动了社会对翻译教学的关注。

在中华人民共和国成立后的数十年间，我国的翻译出版业迅猛发展，大量外国文学作品的被翻译出来，并出版。数以百计，甚至上千名翻译专业人士参与了翻译任务。这些人虽然在中华人民共和国成立之前就接受了培训，但他们所积累的翻译经验以及翻译多种外国文学作品并出版的经历，有助于激发和指导后来的翻译工作者，成为很好的榜样。付克指出，培养英语人才的初衷在于提高学生的阅读和翻译水平，这一点毋庸置疑。在英语教学中，翻译法被广泛应用，教师非常注重翻译对比的环节，这样可以很好地了解学生对英语的理解水平，这一过程贯穿始终。因为学生精通语法，所以他们具有较强的阅读理解能力，具备广博的知识储备和高度的语文素养，翻译的作品忠实可信，文笔流畅优美。因而，以前的翻译着从这个教学方式中受益颇丰。

（二）改革开放前期

随着我国在 1977 年重新启用高等学校招生考试制度，一股学习热潮和"英语热"迅速在全国掀起。英语在我国高考中逐渐占据了越来越重要的地位。自 1977 年开始，英语成绩开始计入高考总分的 10%，到了 1983 年，这个比重达到了 100%。随着时间的推移，英语逐渐成为高考必考科目，并且在学校教育中占据了重要地位。

教育部发布了一项通知，要求从 1979 年 4 月 12 日开始试行高等学校英语专业的教学计划和英语专业基础阶段的实践教学大纲。经由这一规定，翻译课程被纳入英语专业必修课程中，彰显了其在教学体系中的重要地位。教育部为了符合新的教学计划和大纲，招募了人员编写一系列翻译教材，其中最知名的是《英汉翻译教程》《汉英翻译教程》《俄汉翻译教程》《俄汉科技翻译》《德语口译教材》《法译汉教程》《日汉翻译基础》《日译汉教程》。这套翻译教材由我国出版，对于翻译教育的顺利推进起到了关键作用。它开创了整齐有序的翻译教学新局面，为翻译教学奠定了良好的基础。

在此期间，全国举办了各种有关英语教学的会议和研讨会。1984 年 10 月在西安外国语学院举行的英语专业高年级教学研讨会，对翻译教学影响最大。

1984 年 10 月 16 日，英语专业高年级教学讨论会在西安外国语学院举行，参加者包括高等学校英语专业教材编写委员会英语组与中国英语教学研究会。会议通过了《高等院校英语专业高年级教学试行方案》，方案要求毕业的学生能翻译一般文稿，如新闻报道和一般有关文化、文学、政治、经济等文章，译文基本正确、通顺；汉译英、英译汉的速度分别为每小时 150 和 200 汉字左右。方案还规定，翻译课分设汉译英和英译汉，每周 2 学时，共开 2～4 学期。翻译教学要求：翻译课的主要活动是学生的翻译实践及教师的讲评，通过实践及讲评，教给学生基本的翻译理论及技巧；可先开英译汉，后开汉译英，也可交叉进行（有条件的学校可开设口译课程）；翻译课每学期应要求学生至少做 9～10 次作业，每次 2 学时，英译汉为 300～400 词，汉译英每学时为 150～200 字。翻译练习可安排在课内进行，以提高翻译速度；翻译课用材要适当注意不同体裁和题材。这次西安研讨会对我国翻译教学产生了重大影响，直到现在，翻译教学的许多做法仍然沿用这一方案。

（三）20 世纪 90 年代至 21 世纪初

20 世纪 90 年代，我国的改革开放进入了更为深入的阶段。自 90 年代初以来，我国的英语教育一直处于一个史无前例的繁荣时期。自党的十一届三中全会以后，我国经济建设稳步推进，国际交流与贸易活动蓬勃发展，外国资本源源不断流入，同时涌现出大量三资企业。随着我国经济的不断发展壮大，越来越多的公司和企业对拥有英语技能的人才产生了强烈需求。这为我国英语教育行业带来了空前的发展机遇，同时也让英语学习持续保持着高热度。90 年代以后，英语教师的供应数量彻底发生变化，不再呈现 20 世纪 80 年代的紧缺情况。自 90 年代中期开始，全国各地的中学和大中城市的小学三年级及以上学段，普遍引入了英语课程。许多大学已经新增了英语系（外国语学院），此外一些实力较强的专科学校也开始创设英语系（院）。在这种情况下，翻译教学经历了所未有的繁荣阶段。

1987 年 9 月，大学英语四级考试（CET4）开始在全国本科院校推行，1989 年 1 月又推出了大学英语六级考试（CET6）。1992 年，部分高校开始实行英语专业四级（TEM4）、八级考试（TEM8）。1994 年，高等学校英语专业教学指导委员会颁布《高等学校英语专业基础阶段教学大纲》（对应专业四级考试）和《高等学校英语专业高年级教学大纲》（对应专业八级考试）。两个大纲都规定了翻译测试的内容，这些措施极大地推动了我国翻译教学的发展。

《高等学校英语专业高年级英语教学大纲》（以下简称《大纲》）对学生的翻译能力做了进一步的规定，从质量、数量、口译、笔译、课程设置和教学目的等方面规范翻译教学，提高了对翻译能力的要求。八级应进一步通过英汉两种语言的对比，掌握英译汉、汉译英的理论和技巧。英译汉和汉译英的题材与六级的基本相同，但在难度和速度上可适当提高。口译应能就政治、经济、文化等方面进行一般介绍。

《大纲》对翻译课的教学目标是做了如下规定：通过各种文体的翻译实践，运用翻译基础理论，训练学生在词义、语序、语法形式、句子结构、篇章结构、习惯表达。方式、修辞手段等方面对英、汉两种不同语言翻译的基本技巧，从而培养学生独立从事英译汉、汉译英的能力。此外，翻译课应培养学生严谨的作风，避免不求甚解，逐字死译和望文生义。有条件的院校可设口译课，通过大量口头实践，训练学生在政治、经济、文化等方面的能力。同时注意提高学生的政策水平和涉外工作能力。大纲还制定了翻译评估要求，认为重点不在于词汇的艰深和语法的繁复，而在于在一定的上下文中体现英汉不同的表达方式。测试时间汉译英和英译汉各为 30 分钟，速度为每小时 200～250 词，而且要翻译标题，或自拟段落的标题。

《大纲》还制定了评分标准等级表，分别规定了优、良、中、及格和不及格五个等级的评分标准。在后来公布的《高校英语专业八级考试大纲（试行本）》中，又对翻译做了如下规定：

1. 测试要求

汉译英项目要求应试者运用汉译英的理论和技巧，翻译我国报刊上的论述文和国情介绍，以及一般文学作品的节录。速度为每小时约 250 汉字。译文必须忠实原意，语言通顺。英译汉项目要求应试者运用英译汉的理论和技巧，翻译英、美报刊上有关政治、经济、历史、文化等方面的论述文以及文学原著的节录。速度为每小时约 250 词，译文要求忠实原意，语言流畅。

2. 题型

本题分为两项，Section A 及 Section B。考试时 19 共计 60 分钟。Section A：A 项由一段 300 词左右的汉语短文所组成，其中一个 150 词左右的段落由黑体字印刷。要求根据上下文将此黑体字的段落译成英语。Section B：B 项由一段 300 词左右的英语短文所组成，其中有一个 150 词左右的段落由黑体字印刷。要求根据上下文将此黑体字的段落译成汉语。A、B 两项各计 10 分，各占八级考试的 10%。这是目前我国衡量英语专业毕业生翻译能力的标准，也可以把它看成翻译教学所要达到的目标。

（四）近几年

我国高校英语教学领域，近年来对英语教学模式进行了深入的研究和实践，已经取得了一些成果。除了传统的以教师为主导的教学方法，现在还出现了以交流为重点、以学生为中心、以认知学习为目标的新型英语教学模式。

随着计算机技术的快速发展，多媒体和网络技术在英语翻译教学领域得到广泛应用。近年来，各种多媒体英语翻译教学课件和软件层出不穷，许多英语教师开始采用这种计算机辅助的英语教学方式，将其融入授课中，从而形成一种全新的翻译教学方式。

随着全国高校招生规模的不断扩大，班级人数不断增加，学生的英语水平也存在着各种不同的差异，这就给因材施教带来了很大的挑战。然而，利用多媒体计算机进行英语翻译教学，可以解决上述问题。

采用计算机辅助教学的英语翻译课程打破了传统的教学限制，不再仅仅局限于课堂教学，在计算机房、宿舍或家中都能利用计算机参与学习，提供了更加灵活的学习方式。教学已经不再只局限于课堂，而是融入了更多元化的教学元素。采用计算机辅助的英语翻译教学，不仅使传统教学特色得以保留，同时还能够利用软件方便地进行管理和更新。这种教学方式能够随着社会和现实的变化不断发展，更好地满足实际社会需求，可以全面提升学生的语言实践能力。

在辅助翻译教学的各种技术手段中，多媒体教学课件和软件已经被广泛应用，成为最新、最有效的一种辅助教学方式。因此，近年来，教育界一直研究将多媒体技术融入翻译教学中的情况。多媒体在英语教学中具有重要作用，因为它可以模拟真实情境并提供语言应用环境，有效地提高教学效果。多媒体英语教学使用多种的媒体形式涵盖了媒体信息、音频信息、视频信息和远程数字信息等，这些资源可作为英语教学的核心内容。英语教学需要记录和重播语音，并提供真实场景的演示。同时，语言、文字和情境需同步呈现给学习者。此外还需要附带语音修正和朗读辅助功能，同时能够自动检测和纠正语法和拼写问题。以上所述功能，基本上都涵盖在新一代的英语教学软件中。此外，计算机网络还可以用于远程英语翻译教学。

第三节 英语翻译教学的现状

翻译作为一种具体实用的教学手段，被适度而合理地运用于外语教学实践中。随着中国与国际交流更加频繁，使得综合素质高、专业精通、外语扎实、具备较强翻译能力的实用复合型翻译人才日益受到用人单位的青睐。

一、英语翻译课堂的教学现状

目前，个别翻译课教学以课堂为主，以书本为中心，教学模式相对单一。教师对语法知识传授投入了较多的精力，但由于课时所限，难免顾此失彼，在翻译技能培训方面不够重视。学生往往为了追求正确答案而不求甚解，没有积极思维意识。长此以往会影响学习效果，无法更上一层楼。此外，研究表明，我国个别大专院校学生对英语的词汇、语法的学习比较关注，常常将大部分时间都花在词汇、语法等语言点上，而这不利于应用能力的培养与提高。

二、英语翻译教学理论与实践的关系现状

帮助学生对翻译的原则形成较为健全的意识，并能使其自觉地将所学到的翻译知识运用于自己的翻译实践，是翻译教学最重要的目标之一。而这种健全的翻译原则意识很明显地只能建立在某种健全的理论基础之上，所以任何一种严谨的翻译教学都要以中肯的理论作为指导。和其他课程相比，翻译课的实践性较强。因此，翻译教学不能只局限在教师讲解或学生练习的单项活动的层面上，而应是教师讲解理论知识，学生实践练习的一种较广泛的教学行为。如何组织学生进行翻译练习，如何调动学生练习的积极性，如何激发他们的兴趣和合作精神，如何让他们主动而不是被动地参与练习，是翻译教师们需要摸索和探讨的问题。学生接受事物的能力存在一定的差异，因此选择翻译材料的难易等问题都会影响到教师的课堂组织与管理。而在学生进行翻译实践的过程中，他们基本没有或很少将理论运用于实践中。因此，如何选择翻译材料就成为教师必须考虑的一个问题，如果翻译材料较为简单，就很难引起学生足够的重视；如果翻译材料太难，又会让学生失去翻译的兴趣，有时甚至会导致学生放弃翻译。可见，英语翻译教学中诸如此类的因素常常会直接或间接地造成教师的理论讲解和学生的实践练习结合不起来，或者使学生在实践中不能将已学的理论知识和实践结合起来，使得理论与实践脱节。

三、英语翻译教学与测试的关系现状

目前，因为缺少统一的英语翻译教学教材及大纲，各个学校在安排教学时并没有很明确的规定，就使英语翻译教学的重点不够突出，翻译能力测试评估也不够规范，翻译教学内容覆盖面较窄，翻译测试目的不明确，缺乏较为统一、客观、科学的评价体系。

四、英语翻译教学的内容现状

随着科学技术的快速发展和社会的不断进步，今天已经处于一个经济、文化

多元化发展的新时代，人们的思想意识和观念也随之产生了变化，这种大氛围的改变使得学生的思想、个性也从根本上发生了深刻的改变，从而需要更丰富、更新鲜的教学内容来刺激他们的神经，激活他们的学习动力。

但部分院校的英语翻译教学内容的专业性一般都较强，且比较偏重理论，反映时代信息的科技、外贸、影视、媒介、法律、军事等题材的教学内容较少。这种情况下，学生不仅无法掌握更多的相关专业知识和专业术语，也给学生的翻译学习和实践造成很大的困难。

此外，有的学校给所有专业的学生配备了同一本翻译教材，而专业不同的学生对英语翻译的需求也是不同的，因此这种情况不仅不能满足各个专业的教学需求，反而会导致学生学不到和自己专业相关的语言知识，更难以学到更多的翻译技巧，同时使学生的学习兴趣下降，学习的积极主动性也会受到很大的打击。可见，在现代社会环境下，英语翻译教材的内容是否新鲜和全面都会在很大程度上影响学生的英语翻译学习以及英语翻译能力的培养和提高。

五、学生的素质现状

（一）学生个体素质的差异性对翻译教学的影响现状

大学英语是一门公共必修课，它针对的是非英语专业的大学本科学生，学生的个体存在较大差异，他们的总体英语水平也不尽相同，因而会对英语翻译教学有不同层次的要求。而学生的个人英语水平也直接影响翻译教学的效果，但并不是说学生英语水平高，翻译质量就高，而是说假如某学生有较好的词汇功底，并能在听力、阅读、书面表达等其他方面都有较高水平的表现，那么他的翻译教学效果就会比较好；假如某学生的英语水平较低，他想要达到预期的翻译教学效果也会比较困难。

（二）学生的英语功底现状

1. 学生英语功底不扎实

如果学生的英语基本功不扎实，不仅会直接影响到翻译课程教学，也会给教师的翻译课程教学带来一定的困难。

颁布于 2004 年 1 月的《大学英语课程教学基本要求（试行）》（以下简称《要

求》）对大学生的英语翻译能力提出了广泛的要求。《要求》提出，在大学阶段，学生应当具备使用词典以熟悉领域文章的英汉互译能力，其中在英译汉方面的最低速度为每小时300个英语单词，而在汉译英方面的最低速度为每小时250个汉字。大学生应该具备流利的翻译能力，并且能够巧妙运用翻译技巧顺畅地进行英文翻译。鉴于学生们的个体特点千差万别，英语水平各异，因此英语翻译的要求也会因人而异。学生的英语水平与翻译教学效果直接相关。然而，光凭擅长英语并不能保证翻译的准确性。如果学生的词汇量丰富，并且在听、读、写等其他方面有出色表现，那么他们在翻译教学中会取得更好的效果。

在大学英语翻译教学的实践活动中，可以看到这样的现象：一方面，学生能够理解某篇英语文章，以及文章中的某些段落和句子的意思，要他们做阅读理解或选择填空这种客观性较强的练习时他们可以很好地完成，但是如果要他们用母语（汉语）将这些英语文章或段落、句子准确地翻译出来，就比较困难了。部分学生在进行英语翻译时，常常会拘泥于原文句子的结构和词序而对其进行直译。另一方面，如果需要将汉语翻译成英语，这对学生们来说困难就更大了。而学生的英语翻译水平在很大程度上影响了他们对语言的学习及其他能力的培养，也在根本上制约了学生英语翻译水平的提高。

翻译能力是语言综合运用能力之一。

首先，部分学生不能正确选择词义或者根据上下文引申词义，从而造成译文理解上的障碍，甚至闹出笑话。其次，部分学生汉语译文的词序，拘泥于英语原文的词序，在英汉表达习惯不同的情况下，常出现一些牵强、别扭的译文。最后，英语中被动语态使用较广，学生翻译这种句型时经常译成"……被……"，使译文生硬。

学生在学习翻译的过程中，发现自己的不足后，有的学生会非常重视，对翻译学习也持认真的态度，可是他们没有找到适合自己的学习方法，以致事倍功半，并且产生了畏难情绪。通过对学生平时的考试表现以及历年的四六级考试成绩进行分析，可以发现学生的翻译水平仍需提升。个别学生翻译测试部分的答卷并未完成或混淆不清，这使他们整体的英语水平受到了直接的影响。

此外，学生在进行翻译实践时，也表现出许多缺陷。很多学生平时学习时偏爱使用各种类型的辅助教材，而对老师布置的原文阅读或翻译练习，往往只是简单地在辅助教材上对照答案，而不去认真思考或理解。在写模拟试题时，有些人会直接跳过翻译部分，或者只是草率地翻译，然后赶快核对答案，这样做不利于翻译能力的提高。这一类学生通常缺乏自我管理能力，只指望老师给予解答，不太愿意亲力亲为去尝试，容易焦虑并且过于依赖他人的支持。另外一些学生认识到自己的翻译能力有限，因此非常注重学习并认真操练翻译技巧。但是，他们不知道如何找到适合自己的学习方法。有些人认为阅读翻译理论书籍太过困难，然而有些人通过大量实践来学习，但未能及时总结和归纳知识，同时也未意识到将翻译学习与其他技能的提高相融合。这导致他们感到翻译学习更加困难，产生了抵触情绪，这样做不利于学习翻译知识和提高翻译能力。

2. 学生对英语文化不甚了解

目前，我国的学生对英语文化知识的了解较少，这也是造成他们在进行英语翻译时语误频出的重要原因。

调查发现，在英语翻译学习中学生没有进一步地去了解英语单词在不同句子中的不同译意，使得他们只会按照字面上的意思去进行英语翻译。举例来说，英语单词 help 最普遍的意思是"帮助"，但是它在不同的句子里有不同解释，拿"Please help yourself to some pork." 这个句子来说，意思是说"请随便吃点肉"，help 在这里充当的是句式的一部分，因此不能拿来单独翻译；而在"The medicine helps a cold." 这个句子指的是"这种药可治疗感冒"，可见在这个句子里也不能直接地将 help 翻译成"帮助"，而要依据上下文的意思进行翻译，在这里译成"治疗"就比"帮助"更加确切。因为学生们对西方文化缺乏一定的了解，再加上汉语语言习惯和思维惯性的影响，在具体的英语翻译实践中，常常会造成对英语的误解，致使出现翻译语误，例如在"You are a lucky dog." 这个句子中就不能将 lucky dog 翻译成"幸运狗"，而应将其翻译成"幸运儿"，之所以这么翻译，是因为在西方国家里，狗被看成人们的好朋友，因此也是褒义的。

第三章　英语翻译技巧训练

在翻译过程中，译文既要忠实于源语内容，又要符合译入语的表达习惯，因此，对于翻译技巧的训练十分必要。本章的主要内容是英语翻译技巧训练，分别从两个方面进行论述，依次是英语翻译的表达技巧训练、英语翻译的写作技巧训练。

第一节　英语翻译的表达技巧训练

一、口译的技巧训练

（一）听辨技巧

听辨要求听者不仅需要有效地听取信息，还需要运用思维进行分析和判断。听辨是口译的首要步骤，也是决定口译成败的关键因素。如果未能理解所述内容，则无法进行后续翻译工作。在口译中，听辨是一种独特的技能，与我们平时接受的英语听力训练略有不同，但两者之间存在一定的联系。

拥有出色的听觉水平是发展良好听辨能力的关键。换言之，即使一个人能说一口流利的外语，但如果他的听力有问题，他也很难胜任口译的工作。然而，单凭良好的听觉还不足以完成听辨过程，还需要涉及其他方面的能力。从听力训练和听辨过程的差异可以发现，英语听力训练更加注重语言方面的技能，例如注意语言表达、语气与用法等。

首先，训练听力时，我们应注重抓住讲话者的意图，而非仅仅关注于他所说的具体词汇和表达方式。

其次，在听力训练中，以刺激听觉系统为主，理解为辅。听辨训练需要激活听觉系统，同时还需要启动大脑中的分析、理解和记忆机制。换一种说法：学生需要在听课的同时，进行分析、理解和记忆，这是至关重要的。因此，与其他外语学习者相比较，译员需要具备更高的分析能力和高效的多任务处理能力。

最后，听力训练所用的素材通常信息清晰，干扰噪声较少；而口译素材由于涉及现场交流，存在一些不确定因素。偶尔会发生信息干扰或信息缺失的情况。

综合来看，口译中的听力理解过程相较于一般的外语听力训练更为复杂，因此也对听力能力的要求更高。口译并非简单地背诵和翻译文字，而是需要通过听力辨别来理解信息，然后用合适的语言表达出来。在口译过程中，会有 6 个主要因素对听力理解产生影响，包括说话人的口音、语感，译者的词汇量、知识面和注意力，以及周围环境的音量和干扰。下面列举了一些口译听辨的训练方法，可供参考。

1. 抓住关键词，并学会听音辨意

在听辨训练过程中，要善于抓住讲话的实质内容，而不是只言片语。捕捉句中的关键词和讲话要点，对于正确理解和准确表达全文的中心意思来说非常重要。对于说话人个别词发音不清的情况，要根据上下文和字音去推测其意。另外，译员要善于"听话听音"，即通过对说话人的语调，重音、语速、节奏的综合分析判断，来了解讲话人可能出现的言外之意和弦外之音，准确把握好其所要表达的意图，既不能曲解也不能遗漏。

2. 信息的过滤与提炼

在进行听力训练的初始阶段，如果还没有完全掌握同时听、分析、记忆的技能，可以采用提问的方式，对所听内容进行过滤和提炼，建立语篇之间的逻辑关系。例如，可以聚焦于 What、Who、When and Where、How and Why 等几个关键要素。利用这种信息处理方法，可以提高逻辑分析能力，努力跟上演讲者的思路，以确保对所听内容的正确理解。

3. 熟悉不同国家的英语口音

英语是全球通用且应用最广泛的语言，它在国际交流中扮演着重要的角色。英语口音遍布全球，形态多种多样，甚至有些会让英国和美国人无法听懂。译员面对的不仅是标准规范的英语，还会接触到非标准、非规范的英语。除了英国和美国的口音，还需要能听到其他国家，如加拿大、澳大利亚、新西兰和南非的口音。除了英语本族人以外，还会有东南亚人、非洲人、中东人、北欧人、南欧人和拉美人等非英语本族人士讲英语。他们在讲英语时，都带着自己母语的特色。例如，许多日本人由于受本国语言发音的影响，在说英语时常常带有较强的口音，把 [r] 读成 [1]，"fruit"（水果）念成 "flute"（长笛）；把 [t] 读成 [d]，"talk"（谈话）念成 "dock"（船坞），"I'm thirty" 念成 "I'm dirty"。为了听懂各种不同的口音，译员需要在日常生活中多注意听各种英语口音、方言和变体，并总结其特点和规律。译员还需要掌握逻辑推理和判断的能力，正确地理解讲话者所要传达的信息，包括他们的意图、目的和态度，有意提高对各种口音和非标准发音的适应性。

4. 精听与泛听相结合，并掌握音变规律

口译听辨训练中，既要能准确无误地听出某些重要的数据、年代、地名及事实，又要兼顾把握大意的训练。这样就必须把精听与泛听结合起来，交替练习。精听的目的是就是要听懂每个词，辨清每个音，直到完全听懂为止。泛听的目的是扩大知识面、提高语感、熟悉不同人的发音。两者都非常重要，不可偏废。此外，在听辨训练中，还要特别注意英语语音中的同化、音长、连读及省略等现象，以及不同语体（非正式语体与正式语体）的音变现象。

5. 积极扩大词汇量

由于口译所涉及的内容无所不包，因此译员的词汇量一般要求很大。译员除必须掌握常用普通词汇外，对政治、军事、外交、法律、经济、贸易、旅游、医学、宗教等领域的专业常用词汇也应该熟悉。只有不断扩大和积累词汇量，才会听懂各种题材的发言和演讲。

（二）记录技巧

记录在口译中，尤其是即席口译中起着非常重要的作用。口译笔记的主要功能是提示作用，是记忆的激发手段（memory-trigger）。使用笔记，是为了弥补大脑短期记忆的不足，以保证译文的精确度。虽然口译工作要求译员具备出众的记忆力，然而再好的记忆力想要把一篇可能持续五六分钟，甚至十几分钟的讲话完整地记住，显然是不大可能的。因此，要顺利完成口译任务，译员必须要借助于适当的笔记来做帮手。但是口译笔记的记录不同于会议笔记和课堂笔记，它具有以下几个特点：

1.口译笔记特征

（1）干扰性

记录被认为是"a necessary evil"（无法避免的弊端），其寓意是记录存在有利的一面，也包含不利的一面。有利的是它有助于译员回忆讲话内容，提高记忆的准确率。而不利的是，做记录必然要分散一定的注意力，会对译员的听力理解产生一定的负面影响。因此，记录必须要进行一定的训练，只有熟练地掌握记录方法，才能达到听记的最佳平衡，并成为口译的得力助手。

（2）时效性

口译笔记只是备一时之需，应一时之急，它具有很强的时效性。笔记只用于口译那一时刻，口译任务一结束，它将失去它的使用价值和保存价值。因此，它的记录方法和记录目的与一般的课堂笔记和会议笔记不同。

（3）简洁性

正是由于口译笔记的时效性和特殊性，一般说来，口译笔记不必详尽，只要求记重点、要点和难译点。另外可借助一些速记符号来进行记录。笔记所起的作用仅仅是记忆的激发手段，在笔记的提醒下，译员还需凭大脑的记忆，回忆、扩充，使之成为完整的译文。

（4）个性化

口译笔记具有鲜明的个性化特点。因每位译员笔记习惯、书写速度和记忆能力各不相同，因此记录的方式和内容也会因人而异。有的人记录多一些，有的人记录少一些，记录的侧重点也可能不一样。

2.口译记录要点

（1）简洁扼要，高度概括

尽可能地少记，把注意力集中在听和理解上。笔记越简单，记录也就越快，这样可腾出更多的时间去听和思考。一般说来，口译笔记应遵循省力原则（principle of least effort），尽量简洁、扼要。笔记所记录的仅仅是关键词和逻辑线索。

（2）竖向记录，意群分行

笔记最好采取从上往下的阶梯式结构的记录方式。阶梯式结构能更好地体现出上下文的逻辑关系，简化大脑的思维过程，方便笔记信息的读取。此外，笔记要求一个意群占一行，这样既可以避免思路紊乱，又可以随时补足信息或添加过渡连接词。

（3）少写多划，少线多指

画线条或符号比写文字来得更快，而且更形象。因此，笔记要尽量使用符号来代替文字，而且每个符号可代表多种含义。

（4）快速书写，段尾画线

要提高笔记效率，必须提高快速书写能力。在笔记训练中，要学会如何理顺笔画，如何一笔成字。另外，每段话之间必须要使用断句符号，这样可以避免信息的重复或遗漏。

（5）个性特点，双重语言

口译笔记具有鲜明的个性特点，每个人的笔记允许各不相同；笔记所使用的语言可采用"双语＋符号"。双语是指源语和译语，符号是指记录用的各类符号。记录过程中，看哪种语言或符号记得快，更简便，就使用哪一种。

（三）口译记忆

记忆也是口译活动中非常关键的环节，同时也是限制和困扰口译活动的主要瓶颈。对于一位翻译人员而言，拥有优秀的心理记忆和逻辑记忆能力尤为关键。据国际会议规定，同声传译每小时需要译出约9000个文字，而连续口译则需要在一个小时内翻译约5000个文字。这样的速度分别是笔译的30倍和17倍。要完成如此迅速的工作，译员必须拥有非常冷静的头脑、强大的记忆力和敏捷的反应能力，否则无法胜任。尽管进行连续传译时可以记录笔记，但这些笔记只是用来激活记忆的工具。在笔记的提示下，译员仍需依靠自己的记忆和回忆来扩展并拼接成完整的译文。因而，要成为一名合格的译员，必须具备良好的记忆能力。

在对口译记忆的认知分析中，刘宓庆指出，"注意是记忆的前提"和"理解是记忆的条件"。他认为，"听其言"才能"译其意"。而"理解才是是非正误的过滤器"。因此，对于口译的记忆训练，应在"注意"和"理解"四个字上做好文章。[①] 以下介绍几种常用的口译记忆训练方法：

1. 影子跟读练习（shadowing-exercises）

"影子跟读练习"是指译员与讲话人相同的语言，在听取源语讲话的同时，

---

① 江峰，丁丽军. 新编英语翻译技巧 [M]. 南昌：江西高校出版社，2009.

延迟 2～3 秒，逐字逐句地跟读讲话内容。这实际上是一种机械式的模仿跟随。根据相关文献的研究结果，影子跟读练习与听力理解和注意力的集中之间存在着密切的关联。根据实验结果显示，通过影子跟读能够有效协助大部分实验参与者回忆被跟读的内容，而针对没有被跟读的信息，其回忆则显得模糊不清。因此，通过影子跟读练习可以有效地提升短期记忆能力。

口译记忆训练中可以采取分阶段的方法进行影子跟读练习。第一阶段为母语跟读训练，先听母语材料并且在半句话的距离下，随后开始进行跟读训练。进行这种训练需要持续 1～2 周以上。在第二个阶段，进行"反复模仿并延迟跟读"练习。经过第一阶段的培训，语音记忆得到加强，使得说话时间能够逐渐延长，直至超过一句话，进入跟读阶段。在第二个训练周期中，应根据学生的表现灵活调整计划。在第三个阶段，"外语模仿练习"，需要挑选外语资料进行模仿跟读。在起初的训练阶段，可以选择语速较缓慢、难度较低的听力材料。随着时间的推移，学生可以慢慢增加语速，逐步回归正常水平。尽管影子练习不需要学生进行实质性的口译，但作为一种口译入门的记忆训练方式，该方法一直备受国内外口译培训机构的青睐。

2. 复述记忆练习（Retelling the Text）

"复述训练"涵盖了"原文复述训练"和"目标语文本复述训练"两部分内容。"源语复述练习"是指老师通过朗读或播放录音引导学生用源语表述所听到的内容。"译入语重述练习"要求学生听到讲话后，运用译入语的方式来重新表述讲话内容，但不改变原本的意思。相对而言，"译出语复述练习"更容易一些，因为它只需要进行"理解"和"复述"这两个过程，而不需要进行回忆和翻译。"重述练习"旨在培养学生掌握话语的主旨，加深对语篇意义的记忆，并以不受语言限制、自由表达思想的方式进行独立表述。实际上，这与之前提到的听译训练密切相关。

需要强调的是，在进行"复述练习"的过程中，通常不允许记笔记。这是因为"复述练习"的目的是训练大脑的记忆能力。但是如果学生无法清晰地复述所听内容，可以考虑多听一遍或两遍。

3. 形象化记忆（Visual Memory）

形象化记忆指译员将讲话人所讲的内容转化为生动的图像并保存在脑海中。

根据心理学家弗雷德里克·C.巴特莱特（Frederic C.Bartlett）的观点，记忆是通过重新构建或想象形成的一种表象。在这里，意象指的是对感觉形式的描绘或描述。根据安德森的研究，记忆视觉信息所需的能量比言语信息更大。如果翻译人员能够用心理或情景模型来存储源语言信息，而不是记忆单词，就可以有效地减少符号的数量，使用较少的符号或意象来携带更多的信息，而不会改变文本的含义。

（四）口译方法

1. 对译法

虽然汉语和英语属于不同的语言家族，并且在语法、修辞和文化等方面有着很多的差别，但是这两种语言在语言结构、表达方式和思维方式等方面仍然有一定的相似之处。对译法的原则是在确保准确传达原话意思的前提下，力求在词汇、结构和语序等方面保持与原文的一致性。

一种最大的优点在于对译，它可以减少信息处理的时间，降低口译时的记忆负担，并在提高口译效率方面发挥作用。用对译的方式是口译中最基础、最常用、最实用、最简单的方法。

（1）英译汉

① Today，technology has made us all virtual neighbors.

今天，科技使我们成为虚拟邻居。

② One of our founding fathers，Benjamin Franklin，once said："Our critics are our friends，for they show us our faults."

美国的奠基者之一，本杰明·富兰克林曾经说过："批评我们的人就是我们的朋友，因为他们指出了我们的错误。"

（2）汉译英

①首先，请允许我代表在座的各位，向我们的贵宾表示热烈的欢迎和真诚的问候。

First of all，please allow me，on behalf of all present here，to extend our warm welcome and cordial greetings to our distinguished guests.

②虽然我们来自不同的背景，说不同的语言，但是，我相信我们将通过对体育的共同热爱找到共同的语言和共同的友谊。

Although we come from many different backgrounds and speak many different languages, I am sure we shall find a common language and mutual friendship through our joint interest in sports.

2. 释意法

口译是一种交流方式，其核心目标是传递有效的交际信息。释意法主张口译并非单纯的语言转换，而是一项创意性活动，其核心在于意义的传递和交流。这种观点以达妮卡·赛莱丝科维奇为代表。在解析和传达信息时，译员需要将源语言的语言风格剥离，注重传达语言的本质思想，用适合目标语言的表达方式重新呈现。释义法是口译中使用的一种技巧，基于这种技巧的翻译模式被称为"释义模式"。

例如：

在南充附近的嘉陵江畔，新建起一座现代化的化肥之城蓬安化肥联合公司。在这片方圆 8000 米的地方，有 20 多栋宅楼和风格迥异的厂房群拔地而起，还有一座座仓库、水塔、管架等高低错落。这是我省的重点项目，两年前开始动工。今年下半年就将建成并投入生产。

译文：The Pengan Chemical Fertilizer complex is a key project of the province which spreads out over an area of 8 square kilometers in Pung An country, southwest of Nanchong near the Jialing River. The complex includes over 20 buildings for different purposes. The construction began two years ago and will be completed and go into opera—tion later this year.

在举例中，译文采取了"释意法"。它彻底打乱了原句的句序结构，并通过"释意"的方法，来传译原文的关键信息和交际意图。

3. 反译法

英汉两种语言的表达方式受到汉英思维方式的差异影响，因此它们在表达习惯上也存在一定的差异。在英汉口译过程中，有些英文否定句、双重否定句或介词结构可以用汉语的肯定句来表示，而不会改变原意。英语中的肯定形式也可以用汉语的否定形式表示。

例如：

① It has given us not a little trouble.

这给我们带来很多麻烦。

② He is no other than the professional talent we are looking for.

他正是我们要物色的专业人才。

③ You will fail unless you work hard.·

若不努力就会失败。

④ This is the last thing we wish to see.

这是我们最不愿意看到的事情。

4. "一句多译"法

"一句多译"指的是同一句话可以用多种不同的方式来表达，但是传达的语义内容基本相同。"一句多译"的训练旨在提高表达的多样性，增强在不同情境下的应对能力。通常情况下，口译人员的"一句多译"能力越强，他们就会有更多不同的译法，更加擅长应变。熟练掌握"一句多译"表达技巧，有助于提升口译的表达能力。"一句多译"的实现方式有三种：可以替换词汇、变通句法或者调整逻辑来达到同样的意思。

（1）词汇的替换

英语和汉语词汇量都相当丰富，依据语义分类每一种语言都含有许多的同义词和近义词。换句话说，词汇替换是指在保持原句意思和结构不变的情况下，使用具有相同或近似意义的词语来代替原有词语。主要目的是培养口译能力的迅捷表达和灵活性。

例如：你能谈谈这件事的有关情况吗？

① Can you tell us something about this matter？

② Can you give us an account of what things were like then？

③ Can you provide us with some information on this matter？

这是一个典型的"一句多译"例子。这种替换手法，在口译实践中被广泛采用。

（2）句法的变通

句法的变换指的是对原文的句子结构进行重新组织和调整，以达到表达相同中心意思的目的，但不改变原文的含义。句法变通的原因主要有两点：一是汉语和英语在语法和表达习惯上有很大的不同；二是为了符合不同语言环境下的文化习惯，需要作出一定的适应性调整。翻译是一门艺术，其运用的表现手法非常多样丰富。通过巧妙的训练方式，可以培养学生的翻译技能，同时也有助于锻炼他们的灵活应变能力。越具有灵活性的变通能力，越能自如地应对各种情境，并在表达中得到体现。

例如：民族地区的经济社会获得不断的发展。

可译成：

① The minority concentrated regions have witnessed continued economic and social development.

② The economy and society of the ethnic minority areas have been developed continuously.

③ Continued economic and social development has been achieved in the minority concentrated regions.

（3）逻辑的变化

逻辑的转换是指利用逻辑推理和词汇或句法的替换和变通等翻译技巧，在不改变原来意思的情况下修改句子的逻辑关系，以达到更准确或更明确的翻译效果。实际上，这是对行为进行解释的一种方式。它的理论依据是：从词源学上分析，"口译"的英语"interpretation"的动词"interpret"来自拉丁语"interpretari"，意思是"explain"，即为"解释"之意。因此，也有人提出"口译人员的主要任务就是做解释"。

例如：不是所有出席会议的人都同意发言者的意见。（可解释为：有些出席会议的人同意发言者的意见。/ 有些出席会议的人不同意发言者的意见。）

① Not all those who were present at the conference agreed with the speaker.

② Some of those who were present at the conference agreed with the speaker.

③ Some of those who were present at the conference disagreed with the speaker.

5. 增减译法

在口译过程中，当涉及交际双方具有不同的社会和文化背景知识时，译员需要根据听众的需求和背景信息，进行必要的解释或补充说明，以提高口译质量，这被称为增译。

例如：

the two Houses of American government 美国政府参众两院。

The Golden State 金山州——美国加州。

Paradise of the Pacific 太平洋上的天堂——美国夏威夷州。

The Sunshine State 阳光州——美国佛罗里达州。

The Big Apple 大苹果——美国纽约市。

The Motor City 汽车城——美国底特律市。

The Film Capital of the World 世界影都——美国好莱坞。

Wall Street in New York 华尔街——美国纽约市的一个街道名，以金融业聚集而著称。

the two Houses of British government 英国政府上、下两院。

Shadow Cabinet 英国政府的影子内阁，即在野党内阁。

Speakers'Corner 英国伦敦海德公园的讲演者之角，人们在这里可以发表任何内容的演说。

Downing Street 唐宁街——英国伦敦首相官邸和政府主要部门所在地，即英国政府。

Fleet Street 舰队街——英国伦敦——街道名，以报业集中而著称，指伦敦新闻界，伦敦报业。

同样，在口译过程中，有时需要通过删减相关词语，以达到最好的口译效果。例如：

The private colleges vary greatly in standard and reputation, from the world-famous, and select to the cranky and the obscure.

译文：私立院校的水平与声誉彼此相差甚远，从举世闻名，出类拔萃到动荡不稳或默默无闻。

该译文采用了增词法，特别是恰当地运用了汉语的四字格修辞手段，使译文更为生动。

China has a great tradition. It has huge resources. It has enormous strength of will and spirit.

译文：中国有优秀的传统、丰富的资源、坚强的意志力和精神力量。此句的汉译删去了两个重复的"It has……"，汉语既简练又流畅。

二、口译人员的必备素质

口译是一门专业性要求很高的职业。要成为一名口译人员，掌握一门外语是前提条件，然而仅仅掌握了一门外语并非都能成为口译人员。原因是合格的口译人员除具备扎实的专业知识外，还必须经过专门的学习和培训，同时具备一定的专业素质。一个专职的译员应该具备以下几个方面的条件：

（一）强烈的责任感

译员必须具有高度的责任心和政治责任感。译员的一言一行都将关系到一个国家的形象和民族的风貌。此外，作为一名译员，还必须具备良好的职业道德，要遵守"译责自负"的原则。要对自己的口译负责，口译过程中不可信口开河、草率翻译，更不能瞎编乱造、胡乱翻译。

（二）扎实的语言功底

一名合格的译员应具有良好的英语修养和扎实的汉语基本功，掌握英汉两种语言的特点和互译规律，拥有快速、准确的遣词造句能力。译员在"听、说、读、写、译"等综合技能方面，必须达到一个相当高的层次。必须具备良好的语音面貌，敏锐的听力，超常的词汇量，良好的语感，以及灵活的表达能力。此外，译员还应该熟悉和了解各种文体的风格和语用功能，并掌握一定数量的习语和诗词的翻译方法。

（三）广博的知识面

具有广博的知识面是对译员知识结构的一个基本要求，也反映出了口译工作跨学科的特点。译员需要具备广泛的知识背景，包括但不限于政治时事、历史文化、天文地理、外交政策、科技和商务等方面的基础知识和技能。只有具备主题知识和百科知识，译员才能在实践中无障碍地运用这些知识和技能，并避免由于缺乏相关知识而遇到难以应对的困境。

（四）出众的记忆能力、敏捷的反应能力和流利的表达能力

首先，记忆对口译者来说非常重要，因为这与口译的工作性质有关。在口译过程中，译员不能去查阅字典或任何资料，完全凭大脑的记忆去应付临场翻译的

需要；其次是口译中虽然可做些笔录，但因时间的限制，只能重点、扼要地记录，要把整段话连贯地表达出来，还必须借助于大脑记忆。

除此之外，要达到迅速、完整、准确的翻译目标，译员还必须具备清晰、流畅、达意的表达能力。为了让听众听得清楚明白，口译人员口齿必须清楚、语速要适中、语调要自然。

（五）良好的心理素质

由于口译工作经常是在大庭广众下进行，因此译员必须要面对众多的听众。这对于经验不足的译员来说，时常会产生一种怯场心理。造成怯场的原因可能有许多，但主要原因是由于自信心不足。怯场必然会影响译员的情绪和正常口译水平的发挥。为此，译员一定要注意突破心理障碍，战胜自我，培养从容面对听众的良好心理素质。

为了提高心理素质，首先，译员要注意锻炼在大庭广众之下说话或演讲的胆量，做到面对众人而泰然自若；其次，做好充分的译前准备，也可弥补自信心的不足。例如，在每次口译工作中，译员可提前做好各种准备。努力寻找机会与相关的发言人或组织人接触，以便更全面地了解他们的背景信息和相关翻译内容。对于专业性较高的翻译任务，需要提前研究相关资料，牢记专业术语，确保自己的翻译水平有所保障，以免情绪影响翻译质量。

第二节　英语翻译的写作技巧训练

一、英语词语

（一）构词法

英语词的构成方式主要有：转化法、复合法、派生法和缩略法。

1. 转化法

转化法是指词根形式不变而转换成其他词类，如：release（v.）→ release（n.）；seat（n.）→ seat（r.）；down（adv.）→ down（v.）；slow（adj.）→ slow（v.）等。

2. 复合法

复合法是指将两个或两个以上独立的词结合在一起，构成新词的方法，如：snow+fall → snowfall；class+room → classroom 等。

复合词的种类繁多。从词性上看，主要包括复合代词、复合数词、复合副词、复合连词、复合介词、句式复合词等。下面就重点讨论复合名词、复合形容词和复合动词。

（1）复合名词

复合名词通常是按照词法，即按照各组合成分的词性进行分类，内容如下：

①名词＋名词：mouse mat，bar code，Web page，Web TV 等。

②形容词＋名词：compact disc，old age，blueprint 等。

③副词＋名词：overdose，underclothes，off chance 等。

④动词＋名词：jumpsuit，driveway，workbook 等。

⑤ ing＋名词：marketing campaign，learning strategy，parking meter 等。

⑥名词＋动词：earthquake，heartbeat，snowfall，daybreak 等。

⑦副词＋动词：income，output，downfall 等。

⑧动词＋副词：handout，play-off，get-together 等。

⑨名词＋ing：brainstorming，air-conditioning 等。

（2）复合形容词

按照词法来分，复合形容词有下面几种类型：

①以名词为中心的复合形容词。例如：

形容词＋名词：half-hour，short-term 等。

动词＋名词：cross-country，cut-price 等。

②以形容词为中心的复合形容词。例如：

名词＋形容词：brand-new，duty-free，airsick 等。

形容词＋形容词：icy-cold，dark-blue 等。

副词＋形容词：evergreen，all-mighty 等。

③以现在分词和过去分词为中心的复合形容词。例如：

名词＋现在分词：epoch-making，energy-saving 等。

形容词或副词＋现在分词：far-reaching，easy-going 等。

名词 + 过去分词：poverty-stricken，mass-produced 等。

形容词或副词 + 过去分词：half-done，absent-minded，newly-built 等。

（3）复合动词

复合动词主要来自下面两个方面：

①复合动词主要利用转化法或道生法从复合名词转换而来的。例如：

由复合名词转换而来的复合动词：a hotpress → to hotpress，footprints → to footprint 等。

由复合名词逆生而来的复合动词：housekeeper → to housekeep，speedreading → to speedread 等。

②由"副词 + 动词"构成的复合动词：offset，outgo，overcharge，overthrow，upgrade，withhold 等。

3. 派生词

派生词缀和词根结合，或者粘着词根和粘着词根结合构成单词的方法，称作"派生法"，用派生法构成的词就称为"派生词"。要想识别出派生词语的真正意义，就应对前缀和后缀的基本形式和意义有所了解。

（1）前缀

下面就是英语前缀的常见形式：

①表贬义的前缀：mal-，mis-，pseudo-。

②表否定的前缀：a-，dis-，in-（变体 il-，ir-，im-），un-，non-。

③表程度的前缀：arch-，co-，extra-，hyper-，macro-，mini-，out-，over-，sub-，super-，sur-，ultra-，under-。

④表方向态度的前缀：anti-，contra-，counter-，pro-。

⑤表反向或表缺的前缀：de-，dis-，un-。

⑥表时间的前缀：ex-，fore-，post-，pre-，re-。

⑦表方位的前缀：extra-，fore-，inter-，intra-，super-，tele-，trans-。表数的前缀：bi-，di-，multi-，semi-，demi-，hemi-，tri-，uni-，mono-。

⑧其他前缀：auto-，neo-，pan-，proto-，vice-。

（2）后缀

英语后缀主要有：名词后缀、动词后缀，形容词后缀和副词后缀。

①名词后缀。名词后缀主要可通过下列方式形成：

A. 加在动词后，表示"性质、状态"的后缀：-age，-al，-ance，-ation，-ence，-ing，-ment。

B. 加在动词后，表示"人"或"物"的后缀：-ant，-ee，-ent，-er，-or。

C. 加在形容词后，表示"性质，状态"的后缀：-ity，-ness，

D. 加在名词后，表示"人、民族"或"语言、信仰"的后缀：-ese，-an，-ist，-ite。

E. 加在名词后，表示"人"或"物"的后缀：-eer，-er，-ess，-ette，-let，-ster。

F. 加在名词后，表示"性质、状态"的后缀：-age，-dom，-ery（-ry），-ful，-hood，-ing，-ism，-ship。

②动词后缀（都加在名词和形容词后）：-ate，-en，-ify，-ize（-ise）。

③形容词后缀。形容词后缀主要通过以下方式构成：

A. 加在名词后构成形容词的后缀：-ed，-ful，-ish，-less，-like，-ly，-y，-al（-ial，-ical），-esque，-ic，-ous（-eous，-ious，-uous）。

B. 加在动词后构成形容词的后缀：-able（-ible），-ative（-ive，-sive）。

④副词后缀。副词后缀主要通过以下方式构成：

A. 加在名词后构成副词的后缀：-wise。

B. 加在形容词后构成副词的后缀：-ly。

C. 加在名词或形容词后构成副词的后缀：-ward（-wards）。

4. 缩略法

缩略是在不改变词语意义的基础上，对原来较长，较复杂的词或短语以直接或间接的方式进行缩减，使之成为较短、较简单的组合。运用缩略法构成的词就是缩略词。缩略词的构成方式有下面三种：

（1）首字母缩略方式

首字母缩略是提取一个短语或名称的首字母或其中的某些字母缩合而成的方式。这种方式又可以进一步划分为两种情况：

①取词组或短语中的单词的首字母缩合而成。这种方式的缩略词按各个字母读音。例如：

IOC ← International Olympics Committee 国际奥委会

②取一个单词或两个单词的首字母与另一个的全部合成。第一个字母大写，读音时按照字母加拼读的方式。例如：

D Notice → Defense Notice 防务公告

E-mail ← Electric mail 电子邮件

（2）截短缩略方式

这种方式是对原来的词或词组进行加工，对其中的某一或某些音节进行缩略。例如：

auto ← automobile 汽车

gas ← gasoline 汽油

IMP ← import 进口

与原词比起来，截短词口语色彩比较鲜明，这一特点使得它们一般只在口语或非正式场合使用。

（3）拼缀缩略方式

这种方式是指取两个成分的部分拼缀而构成新词。例如：

sitcom ← situation comedy 情景喜剧

Eurasia ← Europe Asia 欧亚地区

workfare ← work welfare 劳动福利

（二）词义

英语词汇通常有两种意义，即原义和含义。原义就是原来的意思，如词典中所注明的；含义则是暗含的情感和想法。例如，country，nation，state 与 land 四个单词的原义有相同之处，即表示"国家"，但它们却有着不同的含义。country 指地区、其人口及政府；nation 指人民；state 指政府及政治组织；land 比 country 的意思更广一些，文雅一些，并有着浓厚的感情色彩。

通过比较可知，这四个词应该属于同义词。英语中有大量的同义词，原因是它吸收了其他语言中的词汇。需要指出的是，很难找到意思和用法完全一样的词。它们在文体层次、强调的程度、感情色彩、语气和搭配上均有着略微差别。

选词一般是根据词义来选择的，它也是英语写作中非常重要的一环，直接关系到英文表达的准确性。在英文写作中每一个完整的句子都离不开正确的选词，特别是选择动词。因此，在英语中，一个完整的句子，动词都是用来作谓语的。要想写好一个英文句子，就要从动词的选择入手，掌握动词的基本特征和用法。只有这样才有可能写出完整、正确的文章。

（三）词性

英语单词根据词义、句法作用、形式特征可以分为名词、代词、动词、数词、形容词、副词、冠词、介词、连词和感叹词。其中前六种均可在句子中独立承担句子的成分，称为"实词"。后四种词则不能在句子中独立承担成分，所以称为"虚词"。分清词类是掌握英语单词用法的关键。要写出一篇好的文章，学生应该先知道每个单词的词类，并清楚它们在各个句子中充当哪些成分。

（四）遣词用字的原则

1. 区分具体词汇与抽象词汇

从词义上看，英语词汇大体可分为：具体和抽象两类。具体词汇可用来描述一切事物，包括感官看到、听到、嗅到和摸到等，如 ballot（n. 选票）、table（n. 桌子）、cough（v. 咳嗽）、instructive（adj. 有教育意义的）等。而抽象词汇则用来表示一些无法用感官感受到的思想、道德伦理，还可以表达人们的喜怒哀乐和悲欢离合，如 spirit（精神）、virtue（德行）、happiness（幸福，快乐）、sorrow（悲哀，悲痛）等。

2. 把握词汇的形式与意义

（1）使用正式用语

英语词汇总量已经超过了 100 万，但不是所有的词汇都可以随便地用在不同的文体中，一些源于希腊文、拉丁文和法语中的大长词、大词多用于正式文体中；而一些源自古英语的词汇一般都比较短小，多用于非正式文体中。非正式用语具有句型简单、文字浅显、语言活泼、通俗易懂等特征。从形式上看，正式用语多以单词形式出现，而非正式用语则以短语的形式出现。试比较下列句子：

① The boiler exploded and a big fire ensued.

锅炉爆炸了，随之而来的就是一场大火。

② We had better look into this matter.

我们最好调查一下这件事。

上述两个例句中，第一句是正式用语，第二句为非正式用语。

（2）慎用同义词

要想准确地运用词汇，还应正确地区分同义词之间的细小差别。下面以"伤害"为例对 wound，injury，hurt，damage，harm 五个同义词进行区分：

① wound（n.）指战斗中刀和枪的创伤。例如：

The soldier recovered two wounds in the battle.

这位士兵在战斗中两处受伤。

② injury（n.）指平时的大、小创伤或伤害。例如：

She got serious injuries to the legs at work.

她干活时腿受了重伤。

③ hurt（n.）指精神上和感情上的伤害，以及肉体的伤痛。例如：

The hurt to his feelings is more serious than the hurt in his body.

他感情上受到的伤害比身体上的伤痛更严重。

④ damage（n.）指损失，损害.损坏。例如：

The storm did a lot of damage to the crops.

暴风雨使庄稼受到了很大损失。

⑤ harm（n.）指伤害（身体和感情）危害。例如：

Did the storm do any harm to the corn？

风暴损害庄稼了没有？

3. 用词简洁

词汇的简洁，凝练不仅可以节省篇幅，还能准确、清晰地表达作者的意图。因为很多时候文章的多余词汇都会掩盖作者意欲表达的思想内容，令读者费解。要使文章看起来简洁，首先就要避免词汇的重复。反复地使用同一个词（特别是谓语动词），很容易使读者对文章失去阅读的兴趣。一篇文章中如果多次重复使用某个单词，将会使句子单调乏味，使文章死气沉沉、毫无生气。因此，只有善于变换词语的形式和风格，才会使句子表意生动、形象，最终增强文章的表达效果。例如：

Today it can be said that wheels run America. The four tires of the automobile move America. The four tires of the automobile move America through work and play.

Wheels spin，and people drive off to their jobs. Tires turn, and people stop for the week's food at the big supermarket down the highway. Hubcaps whirl，and the whole family spend a day at the lake. Each year more wheels crowd the highways as 10million new cars roll out of the factories. One out of every six Americans works at assembling cars，driving trucks，building roads，or pumping gas，America without cars? It is unthinkable.

今天，可以说是由轮子驱动着美国的。汽车的四个轮胎影响了美国，汽车的四个轮胎感动着美国。车轮旋转，人们开车去工作。车轮转了，人们在高速公路上的大超市停下来买一周的食物。车轮旋转着，全家都在湖边待了一天。随着每年一千万辆新车驶离工厂，高速公路上都有更多的车轮拥挤不堪。每六个美国人中就有一个在组装汽车、驾驶卡车、修路或加油。美国没有汽车？这是不可想象的。

在这段文字中，作者使用了 run，move，drive off，turn，whirl，crowd 和 roll 等动词表达"转动"这一概念。这些动词相互衬托、辉映，避免了用词重复，使文章具有极强的动感和表现力。交替使用 wheels, tires 和 hubcaps 等词来表达"轮子"，给读者留下了深刻的印象——美国不愧是"坐在汽车轮子上的国家"。但是，用词多样化是为了避免"不必要"的用词重复，切不可只考虑用词多样化而忽视了语境、词义以及词的语言色彩等诸多因素对选词的影响。

4. 搭配得当

在遣词用字的过程中，还要符合英语单词的惯用法，即做到词与词的搭配得当。英语词汇的搭配关系主要有下面几种：

（1）动宾搭配

例如，tell 后经常跟 story，tale，truth，lie 作宾语。

（2）介宾搭配

英语中的介词被称为"the biggest little words"，如 in，on，of 等。单独看这些介词既短又没有太多的含义，但其使用范围极其广泛，表达十分灵活。行文中介词的使用往往可以具有更多的意义。

（3）动词与非限定性动词的搭配

有些及物动词（如 hope、wish、manage、decide 等）后面只能接动词不定式作宾语。例如：We all hope to see you. 还有一些及物动词（如 finish、enjoy、mind 等）

后面只能接动名词作宾语。例如：I crossed the street to avoid meeting him，but he saw me and came running towards me.（我穿过马路以避开他，但他看见了我，向我跑来。）

二、英语句子

（一）句子成分

英语句子的成分主要包括主语，谓语、宾语、补语、定语、状语、表语。

1. 主语（subject）

主语是句子的主体，是一句话叙述的对象，多置于句首。主语通常由名词、代词、数词、动名词、不定式等充当。例如：

During the 1990s，American country music has become more and more popular.

20世纪90年代，美国乡村音乐越来越流行。

Who is the man standing over there？

站在那里的那个人是谁？

To master English is useful.

掌握英语是有用的。

2. 谓语（predicate）

谓语主要是用来说明主语的动作、状态或性质的成分。谓语多由动词充当。例如：

Mary received her physics degree in 2003.

玛丽在2003年获得物理学位。

Please look after the twins.

请照看这对双胞胎。

3. 宾语（object）

宾语表示动作所涉及的对象。宾语可分为直接宾语、间接宾语、复合宾语和介词宾语四种。例如：

He forgot what I told him.

他把我告诉他的事情忘了。

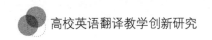

They gave me some books.

他们给了我几本书。

Do you think it right to do so？

你觉得这样做对吗？

They argued about what was the best method.

他们就什么是最好的方法进行过辩论。

4. 补语（complement）

补语是用来补足句子中限定动词短语的成分。补语可由名词、代词、形容词、副词、介词短语、不定式、动名词、分词等来充当。补语还可细分为主语补语、宾语补语、形容词补语三种。例如：

The door was painted white.

那扇门被漆成了白色。

His father named him Saul.

他父亲给他取名索罗。

5. 定语（attribute）

定语主要用来说明名词或代词的品质与特征。定语一般可由名词、形容词、副词、数词、代词、不定式、介词短语、从句等来充当。例如：

A bright future shines before my eyes.

光明的未来展现在我眼前。

A noise outside made him turn around.

外面的噪声使他转过身来。

6. 状语（adverbial）

状语用来修饰动词、形容词、副词或整个句子，说明动作的情态、方式、时间、范围等。可用来作状语的有副词、介词短语、名词、不定式、分词和从句等。例如：

Factories and buildings are seen here and there.

到处都能见到工厂和建筑物。

Would you please come this way？

请这边走。

Though defeated again，the scientist didn't give up.

尽管又失败了，科学家们仍没放弃。

7. 表语（predicative）

表语主要用于表示主语的特征、类属、身份、状态等，一般置于系动词的后面。表语通常由名词、代词、数词、形容词、不定式等来充当。例如：

That's all I want to tell you.

我要告诉你的就是这些。

lt has turned cold.

天气变冷了。

（二）句子种类

1. 简单句

简单句是指只包含一个独立分句的句子。简单句只有一个主谓结构。例如：

Snow and ice covered the ground and made our progress difficult.

冰雪覆盖着大地，使我们难以前进。

2. 并列句

并列句是含有两个或两个以上互补依从的独立分句的句子。例如：

Do you like to go alone or would you like to have me for company？

你是要自己去呢，还是愿意要我做伴？

3. 复合句

复合句是指包含一个主句和一个或一个以上从句的句子。例如：

When she got up she felt dizzy.

她起床时感到头晕。

4. 并列复合句

并列复合句就是含有一个或一个以上从句的并列句。例如：

I never saw a busier person than she seemed to be；yet it was difficult to say what she did.

我从来没见过比她看起来更忙的人，可是很难说她做了些什么。

5. 陈述句

陈述句是指述说一个事实或表达一种看法的句子。例如：

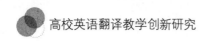

There was very little work done that day.

那天完成的工作很少。

6. 疑问句

疑问句是用来提出问题或表示怀疑的句子。例如：

When did you come back？

你什么时候回来的?

7. 祈使句

祈使句是表示命令，请求，建议，祝福或要求的句子。例如：

You be quiet！

你给我安静点!

Let's not waste time.

咱们别浪费时间了。

8. 感叹句

感叹句是用于抒发喜悦、惊奇、赞赏、愤怒等强烈情感的句子。例如：

How I miss you！

我多想你呀!

Excellent！

好极了!

（三）基本句型

1. 主语 + 系动词 + 表语

"主语 + 系动词 + 表语"句型的表达式为：S+LV+P。在这一句型中，谓语动词是系动词，它本身具有一定的意义，但不能单独作谓语，必须和表语一起构成谓语。表语主要由名词，形容词、代词、数词、介词短语及不定式结构等充当。该句型中的系动词除 be 动词之外，还有表示状态，变化或感觉的词。

表示特征或状态存在的词有：appear，be，feel，look，ring，seem，smell，sound，stand，taste 等。

表示特征或状态持续的词有：continue，keep，prove，remain，rest，stay，turn（out）等。

表示特征或状态转化的词有：become，come，fall，get，grow，go，make，run，turn，wear 等。

请看下面的例句：

I am a student.

我是一名学生。

It is very cold in winter.

冬天天气很冷。

The leaves are turning brown.

叶子在变黄。

I like this kind of cake. It tastes delicious very much.

我喜欢这种蛋糕，它尝起来十分美味。

2. 主语 + 不及物动词

"主语 + 不及物动词"句型的表达式为：S+Vi。在该句型中，谓语动词是不及物动词，其后没有宾语。有时为了表示动作发生的频率、原因、结果、目的、地点、时间等，可带状语修饰动词。例如：

The train has arrived on time.

火车已经按时到了。

The baby is crying in the next room.

婴儿在隔壁房间里哭。

Which animal runs most quickly？

哪种动物跑得最快？

3. 主语 + 及物动词 + 宾语

"主语 + 及物动词 + 宾语"句型的表达式为：S+Vt+O。在该句型中，谓语动词为及物动词，其后只有接宾语才能使句子意思表达完整、准确。这里的宾语可以由名词、代词，以及相当于名词的词或短语，从句来充当。例如：

She is reading English.

她正在读英语。

l know him for many years.

我认识他很多年了。

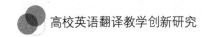

4. 主语 + 及物动词 + 间接宾语 + 直接宾语

"主语 + 及物动词 + 间接宾语 + 直接宾语"句型的表达式为：S+Vt+IO+DO。该句型中，有时候间接宾语可以改成一个由 to 或 for 引起的短语，置于直接宾语之后，即构成"主语 + 谓语 + 直接宾语 + 介词 + 间接宾语"的句型。例如：

Please show me your photos.

请把你的照片拿给我看。

This gave us great encouragement.

这给了我们很大的鼓舞。

5. 主语 + 及物动词 + 宾语 + 宾语补足语

"主语 + 及物动词 + 宾语 + 宾语补足语"句型的表达式为：S+Vt+O+OC，在此句型中，宾语补足语主要是用来说明宾语的动作或状态。这里的宾语补足语可以由名词、形容词、副词、动词不定式、动词 -ing 形式、过去分词和介词短语等充当。例如：

The news made her parents very happy.

那个消息使她父母非常高兴。

The manager asked Amanda to leave.

经理要阿曼达离开。

（四）句子写作的原则

1. 简洁性、多样性原则

在写英文句子时，首先应该保证句子的简洁性。句子的简洁性就是能用单词表达的就不用短语，能用短语表达的就不用句子，能用简单句表达的就不用复合句。通常情况下，对冗长、含有赘词的句子修改时有两种方法：一种是删除原句中多余的词或短语，另一种是在原句的结构上做必要的调整。例如：

Mr. Smith returned in the early part of the month of August.

史密斯先生在 8 月初回来了。

Mr. Smith returned in early August.

史密斯先生在 8 月初回来了。

The time for learning is the time of youth.

学习的时间是青春的时间。

Youth is the time for learning.

青春是学习的时候。

由例句可以看出，修改后的句子结构更紧凑，意义更直截了当，保证了句子的简洁。

句子在简洁的基础上，还应做到多样化。让句子更加多样化，可以使用下列手段：

（1）巧妙运用主动式与被动式

同一个意思既可以用主动式表达，又可以用被动式表达。例如：

Some people believe that it will be possible for automatic machines to replace completely in the future.

有些人认为，自动机器将来有可能被完全取代。

It is believed by some people that it will be possible for automatic machines to replace completely in the future.

一些人相信，在未来自动机器有可能被完全取代。

（2）灵活使用肯定式与否定式

句型的多样性还表现在既可以用肯定式，也可以用否定式。例如：

Their daily lives don't provide them with the exercise needed to keep them healthy.

他们的日常生活没有为他们提供保持健康所需的锻炼。

Their daily lives fail to provide them with the exercise needed to keep them healthy.

他们的日常生活并不能为他们提供保持健康所需的锻炼。

（3）不断变换修饰成分的位置

某些修饰成分既可以用在句子前面也可以在后面，还可以用在中间。例如：

In fact，speaking is one of the most important means of communication.

事实上，说话是最重要的沟通方式之一。

Speaking is in fact one of the most important means of communication.

说话实际上是最重要的沟通方式之一。

（4）交替使用正常语序与倒装语序

句子的语序可以是正常的，也可以是倒装的。例如：

We did not realize the problem of energy crisis until the end of last century.

我们直到上个世纪末才意识到能源危机的问题。

Not until the end of last century did we realize the problem of energy crisis.

直到上个世纪末，我们才意识到能源危机的问题。

2. 完整性、连贯性原则

完整性与连贯性也是句子写作的重要原则。完整的句子一方面要结构完整，另一方面要意义完整，应避免出现残缺句和融合句等。

One of the century's great medical inventions is penicillin. A miracle drug that has saved millions of lives.

本世纪最伟大的医学发明之一是青霉素。一种挽救了数百万人生命的神奇药物。

One of the century's great medical inventions is penicillin, a miracle drug that has saved millions of lives.

本世纪最伟大的医学发明之一是青霉素，这是一种挽救了数百万人生命的神奇药物。

以上两个例句中，第一个句子中的第二个部分不能成为句子。故将这两个部分合并为一个句子，就成了一个意义确切、完整的句子了。

句子的连贯是句子各个部分之间清楚且合理的联系。不连贯的句子一般存在的问题是：人称，数、语态，时态等不一致；平衡结构不对应；代词指代不清；修饰关系不明确。例如：

Every student is required to bring their books to the classroom.

每个学生都被要求把他们的书带到教室里去。

Every student is required to bring his or her books to the classroom.

每个学生都必须把自己的书带到教室里去。

以上两个例句中，第一个句子的人称和数不一致，故调整之后的第二个句子做到了连贯。

3. 遵循线性思维模式的原则

线性思维模式是英语语言的显著特征之一。在英语句子写作中，应做到语义分布主次分明，重点突出，细节围绕主旨错落有致。在表达上，应做到直截了当，要点置于句首。下面就重点研究线性思维模式中存在的几个对应关系：

（1）重轻关系

在写英语句子时，应将重要的信息放在前面，次要的信息放在后面。

（2）时序关系

在写某一事件的句子时，应该按事件发生的先后顺序展开。

（3）因果关系

常见的因果关系主要包括：结果→条件，结果→比较，行为→目的。

（4）大小关系

在写英语句子时也应遵循大小关系的原则，以免出现逻辑上的错误。

三、英语段落

（一）段落的基本结构

段落主要包括主题句、推展句和结论句三个部分。主题句就是提出段落主题的句子；推展句则是用来发展、证明或支持主题思想的句子；结论句是对全段的内容进行总结、归纳或提出结论性观点的句子。例如：

The surface of the earth is chiefly water—something that we，as dwelling on the land，are apt to ignore or completely forgot.（主题句）As noted earlier，the Pacific Ocean alone covers nearly one thirds of the globe. The combined areas of all water bodies，including oceans，seas，and lakes，add up to nearly two and one-half times that of all the land on the earth. In other words，about 71 percent of the earth's surface is water. In addition to the large expanse just mentioned. There are small ponds，waters that run as streams on top of the land，and other waters that lie or move within the upper portion of the earth's crust. And there is vapor and condensed forms in the atmosphere. Thus，water is an important and practically all-pervasive element in man's habitat.（结论句）

译文：地球的表面主要是水——这是我们居住在陆地上时，容易忽视或完全忘记的东西。（主题句）如前所述，仅太平洋就覆盖了全球的近三分之一。所有水体的总和，包括海洋、海洋和湖泊，几乎是地球上所有陆地的两倍半。换句话说，地球上大约 71% 的表面是水。除了刚才提到的大片区域，这里有小池塘，水在陆地上流淌成溪流，以及其他位于地壳上部或与之一起移动的水。在大气中有蒸汽和凝聚态的形式。因此，水是人类栖息地中一个重要的、几乎无处不在的元素。（结论句）

（二）段落展开的方法

1. 记叙和描写法

记叙主要是用来叙述事件的经过，而描写则是用来描绘事物的外貌。例如：

（opening narrative statement）I set about gaining Piquette's trust. She was not allowed to go swimming with her bad leg, but I managed to lure her down to the beach—or rather, she came because there was nothing else to do. The water was always icy, for the lake was fed by springs, (narrative details) but I swam like a dog, thrashing my arms and legs around at such a speed and with such an output of energy that I never grew cold. Finally, when I had enough, I came out and sat beside Piquette on the sand. When she saw me approaching, her hand squashed flat the sand castle she had been building and she looked at me sullenly, without speaking.

译文：（开场白）我开始获得皮科特的信任。她不被允许用她的坏腿去游泳，但我设法把她引诱到海滩上——或者更确切地说，她来了是因为没有别的事可做。水总是冰冷的，因为湖水是由泉水注入的（叙述细节），但我像狗一样游泳，以如此快的速度和如此高的能量。我从来没有冷过。最后，当我游够了，我出来坐在皮科特旁边。当她看见我走近时，她的手压扁了正在建造的沙堡，阴沉地看着我。

该段落描写了"我"邀请 Piquette（皮科特）去海边玩的场景，"我"奋力游泳的细节以及"我"出水后 Piquette（皮科特）的态度。

2. 定义法

下定义的目的是将定义对象从其他事物中分辨出来，从而使读者对定义有一个明确的认识。例如：

Homesickness is a longing to go back to something familiar and dear you have left behind. The longing may be so great that it manifests itself in actual physical illness.

Homesickness need not be longing for the family or the home. You can be homesick for an old job or an old friend as well. You can be homesick for any thing you have left behind.

译文：思乡是一种回到你留下的熟悉和亲爱的东西的渴望。这种渴望可能是如此的强烈，以至于它表现在实际的身体疾病中。思乡病不需要渴望家庭或家。你也会想旧工作或老朋友。你可能会想念任何你留下的东西。

3. 举例法

生动活泼的例子不但可以加强表达效果，增强说服力，还能引起读者的兴趣。例如：

There are many different forms of exercises to suit different tastes. For example, those who enjoy competitive sports may take up ball games. For another example, if they prefer to exercise alone, they can have a run or take a walk in the morning or in the evening. Besides, people can go swimming in summer and go skating in winter. In short, no matter what their interests are, people can always find more than one sports that are suitable to them.

译文：有许多不同形式的运动，以适应不同的口味。例如，那些喜欢竞技运动的人可能会开始玩球类游戏。另一个例子是，如果他们更喜欢独自锻炼，他们可以在早上或晚上去跑步或散步。此外，人们可以在夏天去游泳，在冬天去滑冰。简而言之，无论他们的兴趣是什么，人们总能找到不止一个适合他们的运动项目。

本段用三个事例来说明主题句的关键词组 "different forms of exercises"，这三个例子的连接词分别为 "for example" "for another example" "besides"；最后由引导的结尾句总结全段内容。用举例来展开段落，可以将中心句的抽象意思具体化，给读者留下清晰、有趣、深刻和信服的印象。

4. 列举法

运用列举法展开段落时，一般将主题句置于段首，之后列举大量具体的细节来证明主题句的观点。例如：

Social activities benefit us in many ways. To begin with, these activities can widen our knowledge, because we can learn what we can't get from our books. Second, these activities can serve as a bridge between theory and practice, because we can learn how to put our book knowledge into practice. Lastly，these activities can enrich our experience，in that we can get to know the society well so that we can adapt to it easily when we graduate.

译文：社会活动在很多方面对我们都有利。首先，这些活动可以拓宽我们的知识，因为我们可以从我们的书中无法得到的东西。其次，这些活动可以作为理论和实践之间的桥梁，因为我们可以学习如何将我们的书籍知识付诸实践。最后，这些活动可以丰富我们的经验，让我们可以很好地了解社会，以便在毕业时很容易地适应社会。

本段的第一句是主题句，短语"in many ways"为下面的列举做好了铺垫。作者用了"to begin with"，"second"和"lastly"作为连接语，条理清楚地列举了社会活动有益的三个方面。用列举法发展段落时，在主题句中常包含表示数量的词，如several，many，some，four等。

5. 分类法

分类就是将逻辑上有包含关系的一系列事物在一定基础上层层划分，其目的是使读者对这些相互关联的事物有一个系统全面的认识。例如：

There are two kinds of sports：" amateur" and "professional". Amateur athletes do not receive money for competing in sports. Olympic athletes，for example，are amateurs. They do not receive money. Professional athletes，on the other hand，do earn money. Some professional athletes earn a million dollars or more a year. They need this money to support themselves and they can save some for their future.

译文：有两种运动，"业余"和"专业"。"业余"运动员参加体育比赛得不到钱。例如，奥运会运动员都是"业余"运动员，他们得不到钱。另一方面，职业运动员确实能赚钱。一些职业运动员一年能挣一百万美元或更多。他们需要这些钱来养活自己，他们可以为未来存一些钱。

这一段的核心概念在开头已经明确提出了：运动分为业余和专业两种形式。接着，作者运用分类的方式对段落进行组织，对业余运动员和专业运动员这两个概念进行了分开阐述，使得段落的主题清晰明了地呈现给读者。文段结构分明，突出主题中心。

四、英语语篇

（一）语篇的基本结构

一篇文章主要由引言段、主体段和结束段三个部分构成。引言段又称"开篇段"，可以反映文章的中心思想，帮助读者紧扣主题。主体段是文章的主体，通常由一个以上的段落构成。结束语段则是为了给读者一个完整的概念，留下深刻的印象。例如：

Galileo（题目）

Almost 400 years ago，there lived a great scientist named Galileo. He observed things carefully and never took anything for granted. Instead，he did experiments to test and prove an idea before he was ready to accept it.（引言段）

He questioned Aristotle's theory of falling objects and decided to do experiments to test it. From the leaning tower in Pisa，he dropped a light ball and a heavy ball at exactly the same time. They both fell at about the same speed and hit the ground together. He tried the experiment again and again. Every time he got the same result. At last he decided that he has found the truth about falling objects—that heavy objects and light objects fall at the same speed unless air holds them back.（主体段）

Galileo kept on doing experiments to test the truth of other old ideas. He built a telescope through which he could study the skies. He collected facts that prove the earth and all the other planets move around the sun.（主体段）

Today we praise Galileo and call him one of the founders of modern science.（结束语）

译文：大约在 400 年前，生活着一位名叫伽利略的伟大科学家。他仔细地观察事情，从不把任何事情视为理所当然。相反，在他准备接受它之前，他做了实验来测试和证明一个想法。（引言段）

他质疑亚里士多德的下落物体理论，并决定做实验来测试它。他在比萨的倾斜塔上，同时丢了一个轻球和一个重球。它们都以同样的速度坠落一起摔倒在地上。他一次又一次地尝试着这个实验。每次他都得到了同样的结果。最后，他认

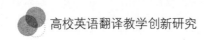

定他已经找到了坠落物体的真相——除非受到空气的阻力，否则重物体和轻物体以相同的速度下降。（主体段）

伽利略继续做实验来检验其他旧观念的真实性。他造了一个望远镜，可以用它来研究天空。他收集了一些事实，证明地球和所有其他行星都围绕太阳运动。（主体段）

今天，我们赞扬伽利略，并称他为现代科学的创始人之一。（结束语）

（二）语篇写作的方法

1. 开篇段的写作方法

（1）开门见山

开门见山，即文章开头就推出主题句，表明自己的看法。例如：

A recent investigation shows that about 80 percent of the primary school pupils have private tutors and about half of the university under-graduates have the experience of being private tutors. Private tutoring has both advantages and disadvantages, yet, in my opinion, it does more harm than good to students.

译文：最近的一项调查显示，大约80%的小学生有私人教师，大约一半的大学应届毕业生有当私人教师的经验。私人辅导既有利也有弊，但在我看来，它对学生弊大于利。

（2）描写导入

描写导入就是通过描写背景，然后导入正题。例如：

Nowadays college students are seen waiting on tables, cleaning in stores, advertising in streets, tutoring in families and doing whatever work they can find. It has become fashionable for college students to do some odd jobs in their spare time.

译文：如今，大学生在餐馆当服务员，在商店打扫卫生，在街上做广告，在家里做家教，做任何他们能找到的工作。大学生在业余时间做一些零工成为一种时尚。

（3）提问式

以提问的方式开头，目的是激发读者好奇心，吸引读者的注意力。例如：

Scientists long ago discredited the belief that race or gender can determine intelligence. But what about birth orde? It is possible that firstborn children possess an inherent advantage over their younger brothers and sisters. There are educated people who claim just that. In fact, some psychologists subscribe to the idea that birth order and intelligence are related, with firstborn children favored over their younger siblings. Younger children, however, can take comfort in knowing that not all experts agree.

译文：科学家们很久以前就不相信种族或性别可以决定智力的观点。但是出生顺序呢？长子有可能比他们的弟弟妹妹具有固有的优势。有些受过教育的人就这么说。事实上，一些心理学家赞同出生顺序和智力相关的观点，第一个孩子比弟弟妹妹更受青睐。然而，年幼的孩子可以感到安慰，因为并非所有的专家都同意。

（4）数据法

运用一些权威性的数字开头，可以增强文章的说服力。例如：

In the time it takes for you to read this sentence, eight acres of forest will disappear. This alarming statement is a good representation of the speed by which the world's forests are being lost. The tropical forests of South America alone are being cleared at the rate of 250,000 square kilometers a year and are believed to make up a more half of their original area. In a world so dependent on forests and their products, these facts cannot be overlooked, and, as years pass, the figures become more and more ominous. What does the future hold for the world's forest? That is the question that is the basic of this report.

译文：在你读到这句话的时间里，8英亩的森林就会消失。这一令人担忧的声明很好地反映了世界森林消失的速度。仅南美洲的热带森林就以每年25万平方公里的速度被砍伐，占了它们原来面积的一半多。在一个如此依赖森林及其产品的世界里，这些事实不容忽视，而且，随着时间的推移，这些数字变得越来越不祥。世界森林的未来会是什么呢？这就是这份报告的基本问题。

2. 正文段的写作方法

写正文段时，需要注意以下问题：

①每个段落都需要围绕文章的主题展开论述。

②每个段落都应与文章的主题相一致。

③确保文章整体有连贯性和完整性，在每个段落内都要贯穿文章的主旨。

3. 结尾段的写作方法

（1）以总结结尾

总结式的结尾方法就是在文章结尾处对全文进行概括总结，以揭示主题，加深读者印象。例如：

To sum up，the multiple possibilities of error are present at every stage of a scientific investigation，and constant vigilance and the greatest foresight must be exercised in order to minimize or eliminate them. Additional errors are，of course，connected with faulty reasoning；but so widespread and serious are the consequences that may arise from this source that they deserves separate treatment.

译文：综上所述，在科学调查的每一个阶段都存在多种错误的可能性，必须不断保持警惕和最大的预见，以尽量减少或消除它们。当然，其他错误与错误的推理有关；但是，从这一来源可能产生的后果是如此广泛和严重，因此它们值得单独处理。

（2）以引语结尾

这是一种通过格言谚语结尾的方法，但要保证所引用的名言一定要与前面的观点相符合。例如：

If we stick to studies day after day，there is nothing that can't be achieved. As an old saying goes："Constant dropping of water wears away a stone."

译文：如果我们日复一日地坚持学习，那就没有什么是无法实现的。正如一句老话所说："水滴石穿。"

（3）以建议结尾

建议式主要是针对文中讨论的现象或问题，提出建议或解决方法。例如：

In 1900 there were about 100,000 tigers in Asia. In 1970 when the shooting of tigers was stopped there were just 5,000 left. In India，however，the population of tigers has increased，from 2,000 in 1972 to about 5,000 in 1989. Perhaps the same progress can be made in other countries.

译文：1900 年，亚洲大约有 10 万只老虎。1970 年，当停止射杀老虎时，只剩下 5000 只了。然而，在印度，老虎的数量有所增加，从 1972 年的 2000 只增加到 1989 年的 5000 只左右。也许其他国家也能取得同样的进步。

（4）提出问题式

提出解决问题的途径、方法或呼吁人们采取相应的行动。例如：

Brand A has excellent nutrition, but it is too expensive, far beyond the means of the "poor" pupils. Brand C has the highest nutritional rating and a moderate price. Although it is fair in taste, it is not poor after all. Therefore I definitely decide that I recommend Brand C for use in elementary schools.

译文：A 品牌营养很好，但价格太贵，远远超出了"贫困"学生的承受能力。C 品牌的营养评级最高，价格适中。虽然味道尚可，但它毕竟不差。因此，我决定推荐 C 品牌在小学使用。

（5）以展望结尾

这种结尾方法主要是文章结尾处表达对将来的期待，给人以鼓舞。这种结尾方式有助于增加文章的感染力。例如：

I am sure that Chinese will become one of the most important languages in the world in the next century. As China will open further to the outside world, the language is sure to be spread world widely.

译文：我相信，在下个世纪，汉语将成为世界上最重要的语言之一。随着中国对外开放的深入，汉语必将在世界范围内广泛传播。

（6）以反问结尾

尽管反问的形式为疑问句，但其实际意义却是肯定的，可以通过强调作用引起读者的深刻思考。例如：

What makes pollution so severe nowadays? Firstly, people throw life wastes carelessly, with them littering streets, rivers and fields. Secondly, the development of economy deteriorates our environment to a great extent. The major pollutant is the industrial wastes. The waste gas pollutes air and the waste liquid from factories poisons the water. Thirdly, some pollutions spread out fast without effective solution to them. Greenhouse effect, for instance, has caused the iceberg at two poles to melt, which means that lots of countries will be flood—stricken. How can we live a happy and healthy life, if our environment is too polluted to have fresh air to breathe or clean water to drink?

译文：是什么使现在的污染如此严重？第一，人们不小心丢弃生活垃圾，在街道、河流和田地里乱扔垃圾。第二，经济的发展在很大程度上恶化了我们的环境。主要污染物是工业废物，废气污染空气，工厂的废液污染水。第三，一些污染在没有有效解决方案的情况下迅速蔓延。例如，温室效应导致两极的冰山融化，这意味着许多国家将遭受洪水袭击。如果我们的环境被污染得无法呼吸新鲜空气或饮用干净的水，我们如何才能过上幸福健康的生活呢？

（7）重复中心思想的结尾方式

这种方法需要重新回到文章开头所阐述的核心思想或主旨句，以达到再一次强调和确认的效果。例如：

Let's say it again, it all begins with the instrument, your voice. If its sound and quality is flawed and needs improvement, that's where you start. That's what everyone hears whether in casual conversation or in making a major speech to a large audience. Pure vowel sounds, articulation, proper breathing, expressive speaking patterns, a pleasing vocal range, naturalness, all these will make you get twice the result with half the effort.

译文：再说一遍，一切都是从乐器开始的，你的声音。如果它的声音和质量有缺陷，需要改进，那就是你的起点。无论是在随意的谈话中，还是在向广大观众发表重要演讲时，每个人都会听到这种声音。纯元音、发音、正确的呼吸、富有表现力的说话模式、令人愉悦的音域、自然度，所有这些都会让你事半功倍。

第四章　高校英语翻译教学模式创新

本章的主要内容是高校英语翻译教学模式创新，从四个方面进行论述，依次是高校英语翻译的翻转课堂教学模式、高校英语翻译的慕课教学模式、高校英语翻译的微课教学模式、高校英语翻译的混合教学模式。

第一节　高校英语翻译的翻转课堂教学模式

一、翻转课堂模式的英语教学理论基础

翻转课堂的最终目标是通过提高课堂效率，促进学生更好地掌握教学目标。因而，作者采用学习理论和教育目标分类理论来指导英语教学中的翻转课堂应用。这两个理论也是布卢姆教育论体系的关键构成部分，该论体系由美国著名的心理学家和教育学家布卢姆所创立。布卢姆教学论体系由四个组成部分组成，包括学习理论的掌握、教育目标分类学、教育评价理论和课程开发理论。该理论体系的核心是了解学习理论，它的基础是教育目标分类学。

（一）掌握学习理论

1. 基本内容

传统教育理论中认为学生的学习能力符合正态分布，即 1/3 的学生表现好、1/3 表现中等、1/3 表现较差。但是，布卢姆则提出了"掌握学习"的概念，他相信只要提供适当的学习条件和及时有效的指导，每个学生都能够学好功课并达到高水平掌握的要求。掌握学习的理念以"所有学生都能够臻于成功"的信念为指导，将班级授课制作为基础，持续地提供及时的反馈并提供个性化的辅助帮助和

额外学习时间，以确保大多数学生能够达到课程设定的掌握程度。学生能够在老师或同学的协助下掌握当前的教学内容，以便在进入下一阶段的学习之前做好准备。掌握学习并不注重特定教学内容的细节，而是关注实现教学目标的具体方法。这包括了针对整个班级的集体教学、一对一的个性指导或自主学习。不管是通过教师的亲自授课、同学之间的合作学习，还是学生独立学习，都需要建立在明确、详细且有内在联系或顺序的教学目标基础上。

据布卢姆的观察，大约有 5% 的学生具备超强的学习能力，相较于其他同学，他们在学习一门课程时进展更为顺利。另外，约有 5% 的学生存在学习困难，他们对一些基本概念的理解相对欠缺，因此无法同步跟进正常的学习进度。除此之外，还有 90% 的学生能够达到预期的教学目标，只不过他们在学习速度和所投入的时间方面存在一些差异。因此，那些学习较慢的学生显然可以与那些学习快的学生一样达到相同的学术成绩水平。虽然这些学习较慢的学生需要更长的时间和更多的帮助，但他们确实在某个学业成绩标准上获得了成功，就像那些学习快的学生一样。[①]

掌握学习理论认可学生的学习能力存在显著差异，但这种差异只是作为预测学习速度的参照，而非用于确定学生能达到的学习水平。因此，掌握学习理论的目标在于找寻一种有效方式，既考虑到学生个体差异，又能够促进学生的综合发展，以减少学习缓慢的学生需要花费的时间。

2. 实施策略

教师在运用掌握学习法进行教学实践时，注重个性化指导，在学生学习过程中注意使用多种评价方式对学生进行经常性的反馈和引导。在教学中，评价已不再仅仅是教师责任的体现，而是成为指导教师下一步教学的指南。根据评估结果，教师将调整教学活动，以便更好地满足每位学生的需求。教师经常使用标准参照考试来评价学生，而不是常模参照考试，这意味着学生不是在与整个群体竞争，而是与自己进行比较，力求取得最好的成绩。

具备有效学习技巧应如何付诸实践？最初，学生们需要学习许多不同的内容。当他们完成学习的一个阶段后，教师会进行测试以检验学生是否掌握了该阶段的教学目标。一旦学生达成了这个目标，他们将参与其他丰富的活动以进一步加深

---

① 吴丹，洪翱宙，王静 . 英语翻译与教学实践 [M]. 长春：吉林人民出版社，2017.

对于该内容的理解。然而，若学生在测试中未能取得成功，教师将提供额外的指导和帮助，直至学生能够成功通过测试。在这个过程中，学生将会受到有建设性的反馈，并积极纠正错误，直到达成相应的学习目标为止。学习的教学程序主要涉及以下三个方面的掌握：

（1）为掌握而教

根据布卢姆的观点，学习策略的掌握需要进行集体教学，同时还要提供频繁的反馈和个性化的帮助，以满足每个学生的需求。在确保学生都能取得好成绩的前提下，首先，应该让学生明确学习的目标、学习方法以及所需达到的水平。其次，在学习过程中需要不断支持学生，并提供他们所需要的一切帮助。这意味着要鼓励他们，增强他们的信心，并激发他们的学习热情。最终，通过进行形成性测试，能够发现学生在学习方面存在的弱点和取得的进步情况。依据此情况，对学生实施个性化或更深入的指导。核心在于通过反复的反馈和纠正过程，确保大多数学生能够达到预期的教学目标，这种修正性的反馈系统是确保学习掌握的关键。

（2）为掌握而学

教育心理学认为，学生情感是影响他们学习成果的主要因素之一，因此为了学好教育心理学，必须掌握这一因素。在学习过程中，经常得到教师的称赞的优秀学生会更加积极地对待学习，更加主动地完成学习任务。优秀的学生会因积极情绪的影响而视学习为一种乐趣。因此，教师需要不断地给予学生正面反馈并纠正他们的错误，以帮助他们树立信心，并通过更多的成功体验，让他们看到达成目标的希望，从而激励他们更加努力学习。因此，学生的内在因素之一是积极情感特征，其表现为对学习的掌握欲望。

（3）为掌握而评价

布卢姆的"掌握学习"理论中，教学评价理论是一个重要的组成部分，其中包括了诊断性评价、形成性评价以及终结性评价，旨在帮助学生更好地掌握所学知识。诊断性评价不仅可以考查学生的学习成果，还能提供有针对性的反馈，帮助学生不断改进自己的学习方法。进行诊断性评价是为了了解学习者的需求和背景，同时也是良好教学工作中必不可少的一部分。这种评价可以帮助教师更好地适应学生的要求，并提供更有针对性的教学。作为一种先期评估方式，诊断性评价有助于教师识别教学中面临的困难和问题。测试学生对于前一阶段所学知识的掌握程度，了解学生对即将学习的内容掌握情况。在学习过程中，实施形成性评价并尝试利用其改善学习体验是十分必要的。在学习过程中，布卢姆更注重形成性评价，因为它能够及时反映教学中的问题，帮助教师调整教学内容，纠正学生的学习方向，最终使教学体系具备自我纠正的能力。终结性评价也被称为"事后评价"，它是针对某门课程的一个重要阶段或课程全部结束时进行的评价，旨在了解学生取得的学习成果。在本质上，终结性评价是为更全面地评估整个教学过程的某个重要部分或阶段所取得的大量成绩而进行的评价。在教学中，三种评价方式各有其独特的重要性和必要性，因此应该进行有机结合，不可偏废。

自 2008 年起，乔纳森·伯格曼（Jon Bergmann）和亚伦·萨姆斯（Aaron Sams）开始采用翻转课堂的教学模式。这是一种个性化学习模式，利用现代信息技术，在传统的教学方法中实现了练习和授课的时间倒置。他们为每个教学目标制作了视频，并将其上传到互联网上。这样，学生就可以自己按照自己的情况来调整学习进度。在课堂上，教师会给出及时有效的指导，并通过不断的反馈及时纠正学生的错误，指导学生克服学习中的难点，帮助学生发现学习的乐趣，并让学生看到自己的进步，以达到"掌握"的目的。

3. 掌握学习理论的实践应用

掌握学习理论对中国文化课程教学实践具有以下指导意义：强调学生的主体地位，鼓励学生主动参与学习过程，调动其积极性。认真对待教师反馈——纠正对学习的促进效果。认真对待评价，尤其是注重形成性评价在教学中的反馈作用，以便将评价结果用作调整教学环节的依据。

（二）教育目标分类学

在一定时间限制内，学生应该考虑学习哪些内容是必要的。尽管《大学英语课程教学要求》为大学英语课程提供了全面的建议和要求，但对于每一门甚至是每一节课程，教师仍然需要一个明确的参考标准，以便确定预期目标。缺乏这种明确性在日常教学中会带来很多困难。布卢姆的教育目标分类法提供了一种基于认知过程和知识维度的二维框架，使得教学活动能够更具目的性，有据可依。

我们可以用一个连续的范围来描述总的目标域，它从抽象到具体，程度不断变化。克拉思沃尔和佩恩在研究该连续体时，发现了三个具体的层次，他们将这三个层次的目标分别定义为总体目标、教育目标和教学指导目标。如今，第三个目标更常被称为教学目标。

布卢姆根据教育目标的不同，提出了一个分类体系，可以使用一个二维表格来呈现，知识维度和认知过程维度分别构成了分类表的行和列。分类表可以被视为由知识维度和认知过程维度的交汇点组成。因此，我们可以将目标置于分类表的一个方格中。列举任何一个注重认知方面的教育目标，都必须符合表中的一个或多个格子。

表 4-1-1　布卢姆教育目标分类表

知识维度	认知过程维度					
	1. 记忆／回忆	2. 理解	3. 应用	4. 分析	5. 评价	6. 创造
A. 事实性知识						
B. 概念性知识						
C. 程序性知识						
D. 元认知知识						

如表 4-1-1 所示，按照布卢姆教育目标分类表分类，知识可以分为以下四种类型：事实性知识、概念性知识、程序性知识和元认知知识。这种分类方法受到了现代认知科学和认知心理学对知识表达方法的影响。

事实性知识指学科专家用来进行学术交流、理解和构建学科基本要素的实际知识。这些元素的表述方式通常是固定的，与从事该学科的人员无关，因此在不同的使用场景中它们很少或根本不需要修改。具体的符号被用来表达事实性知识，这些知识是学习某一门学科或解决相关问题所必需的基本要素。绝大多数具有事实性的知识都处于相对简单的抽象层次。分类为事实性知识的两种形式分别是专业术语知识和具体事物的细节和要素知识。术语知识包括汉字结构和茶道术语知识。中国朝代更替的关键信息涉及具体细节和要素。

概念性知识是一种更为复杂、有结构的知识形式，它包括涉及分类、类别及其相互关系的知识。概念性知识是指人们对事物或概念的认知和理解，它可以表现为图式和心理模型，在不同的认知心理模型中存在。概念性知识可以划分为三个子类：对分类和类别的认知，理解原理和通用规则，以及了解理论、模型和结构。分类与类别为基础的原理和通则构成了理论、模型及结构的基本要素。学习乐器需要掌握音乐理论和演奏技巧，这是属于音乐知识的分类和类别。了解传统文化的基本原理和通常套路属于原理和通则的知识。

程序性知识是有关执行某项任务的知识。程序性知识是一种经过训练和自动化的知识，用于特定条件下执行一系列步骤。这种知识更加关注于如何执行某个动作，例如数学运算法则或语法规则，通常使用产生式来描述。假如将知识分为事实性和概念性两种类型，那么程序性知识就属于知识应用的"如何"范畴。它的构成包括了三个方面：一是具体学科的技能和算法知识，二是具体学科的技术和方法知识，三是关于合适程序使用的准则知识。了解和掌握这些准则知识是确定何时使用适当程序的重要步骤。

关于认知能力的知识和对自我认知的了解被称为元认知知识，其中包含了有关策略、任务和个人变量的知识。策略性知识是指一般性的学习、思维和问题解决方法，例如设定阅读目标和制订计划等策略知识。除了学习各种策略，个人还会积累关于认知任务的知识，例如掌握总结和释义等精细处理策略，这可以帮助他们更深入地理解所学的知识。另外，对于元认知来说，了解自我认知和学习方面的优势和不足以及对自我动机信仰进行认知，都是非常重要的。

本分类表的重要组成部分是认知过程维度。人类认知是一项错综复杂的过程，它指的是人们对周围事物的感知、理解和加工处理。这个过程是逐渐深入的，从最初的具体现象到逐渐抽象出事物的本质特征和内在逻辑关系，是一种对客观事物进行反映的心理活动。教育的两个核心目标在于推动知识的长期保留和知识的应用迁移。学习时要求学生确保他们能记住已学知识，而迁移则需要学生理解和应用这些知识，注重未来而非过去回忆。在进行迁移时，学生必定需要经历认知过程，这一过程包括记忆、理解、应用、分析、评价和创造。

"记忆"包含从长期存储的记忆中获取相关信息的过程。记忆是解决复杂问题的关键基础。当学生面临有挑战性的任务时，需要回忆与任务相关的知识，例如，如果要求学生用英语写一篇关于传统文化现象的文章，学生需要能够从长期记忆中提取英语表达，了解该文化现象的基本情况等。

假如教学的首要目标是让学生掌握所学内容并长久记忆，那么教学的焦点就会放在强调记忆能力和目标上。假如教学的目标是鼓励学习的保持，那么教学的焦点就会集中在更高层次的领域。在教育领域，学习迁移的教育目标通常包括许多方面，但是"理解"被广泛认为是不同学校教育目标中最主要的基于迁移的目标之一。为了理解新知识，我们需要将其与已经学过的知识联系起来，以此来丰富我们的认知框架。换句话说，理解是将新知识融入我们既有的学习框架中的过程。理解问题中的认知过程包括解释、举例、分类、总结、推断、比较和说明等步骤。这些步骤有助于我们更深入地理解问题、概念或理论。换句话说，为了更好地理解问题，我们需要进行解释，给出具体的举例，将相关事物分类整理，总结归纳理论和结论，推断出可能的结果，比较不同的方面以及进一步说明。这些认知过程将帮助我们建立深入的认识和理解，以便更好地应对问题和挑战。

"应用"通常涉及使用一定的流程或技巧来实现某种练习或解决问题，这需要与相关的程序性知识有紧密的联系。应用认知类别包括两种认知过程：第一种是通过针对学生熟悉的问题进行练习来掌握知识，即实践操作；另一种是通过执行解决学生不熟悉的任务来解决问题。

"分析"是指对材料进行细致的分解，确定其各个组成部分之间的关系，并揭示这些部分与总体结构之间的相互关系。认知过程可以细分为三个具体类别：区别、整理和归因。这三种认知过程可以用来帮助我们区分、组织和理解所接收到的信息。在分析教育目标的过程中，我们需要学会想清楚哪些信息是相关重要的，了解各个信息部分是如何被组织在一起的，掌握信息背后的意图。分析是对某个事物进行深入研究，以更好地理解它的内涵和外延。同时，分析也可以作为评价和创造的起点。

"评价"是一种认知过程，它涉及使用标准或准则来判断事物的质量、可行性或价值。评估包括检查和评论两个方面。进行检查涉及对于某项工作或者产品的内部问题进行审查，而评价则是根据外部标准和准则来对该产品或工作进行评价，这是批判思维的核心。

"创造"表示将不同要素组合成一个内部一致或有特定功能的整体，创作的认知过程涉及学生之前学习经验的结合。尽管理解、应用和分析也需要处理各要素之间的关系，但与它们不同，创造是指构建全新产品，其中包括产生、计划和生成三个具体的认知过程。根据认知过程的角度来看，布卢姆提供了一个详细的动词效验表，这有助于我们更好地把学习目标分类和分析，并能在教学实践中应用。

二、翻转课堂与英语翻译教学相结合

翻转课堂理论的最大优势就在于学生是学习的主体，这不仅符合教学改革的方向，也是英语翻译教学的必然要求。通过在英语翻译教学过程中实施翻转课堂理论，能够有效地弥补以往英语翻译教学中缺乏实践教学这一不足。因此，完善翻转课堂教学思路，可以大大丰富了教学内容，改善了教学体系，对推动英语翻译人才培养工作发挥了重大作用。翻译需要通过实际操作并反复思考总结经验，学生需要经过长期的实践才能获得进行翻译工作所需的能力。翻转课堂的主要目标是激发学生的自主学习意愿，让他们更新认知结构，提升社会实践能力，从而实现理论与实践相结合的目的。本节就对翻转课堂理论与英语翻译教学的结合进行论述。

（一）翻转课堂与英语翻译教学结合的优势

1. 翻转课堂与英语翻译教学的特点相符合

得益于翻转课堂的实践性质，英语翻译课程要想提高学生的翻译能力，就需要让学生经过大量实践，逐渐积累翻译的技巧和经验。仅仅通过短暂的课堂教学时间很难有效地促进学生的翻译能力提升。当前的翻译教学主要注重教授实际翻译技巧和具体应对问题的翻译方案，教学方式仍然采用传统的直线型教学模式，即教师为中心。这种教育方式通常会限制学生的综合知识，同时教学上的翻译实践也会受到限制，进而缺乏市场服务的翻译意识。在翻转课堂的模式下，教师可以更好地引导学生进行英语口语表达和互动活动，同时学生也可以获取更多的翻译实践经验，这有助于逐步提升学生的翻译技能和经验，从而提高整体翻译水准。因此，采用翻转课堂的教学方式可以充分适应英语翻译教学的特点。

2. 翻转课堂能够体现出新的教学理念

在传统的教学模式中，教师通常会将知识灌输给学生，学生则是被动接受的。相反的，翻转课堂的方法引进了一种新的教学理念，这种理念将学习的主导权从教师手中转移到了学生手中，推动了学生自主学习能力，提高了他们的实践能力。同学们可以通过观看不同的学习视频，来在课堂上反思已学到的知识。这实现了个性化和分级教学，从而有效地实现了英语翻译教学的目标。此外，这也有助于增强同学们的语言意识并加强实践技能的培养。

3. 翻转课堂突破了课堂教学时间与空间的限制

翻转课堂利用网络平台，使学生可以自主选择学习时间和地点，并且可以反复学习内容。学生应该根据自身的学习能力和所掌握的知识程度，合理安排学习进度，增强对新知识的理解，同时在掌握不到位或者不深刻的时候，进行反复学习以巩固学习内容。

4. 翻转课堂构建了新的教学模式

通过翻转课堂的方式，教学活动得以延伸至课堂之外。一旦学生自己掌握了基础知识和基本概念，就能够在课堂上进行更多的语言训练了。通过共同探讨等方式，教师可以激发学生的积极性，使其在课堂教学中成为主动参与者，同时，也可以提高学生的语言表达能力。

（二）翻转课堂理论在英语翻译教学中的应用模式

本书参考国内外相关研究，提出了一种翻转课堂理论在英语翻译教学中的应用模式（图 4-1-1）。该模式分为三个步骤，分别为课前知识传递、课中知识内化和课后知识拓展。

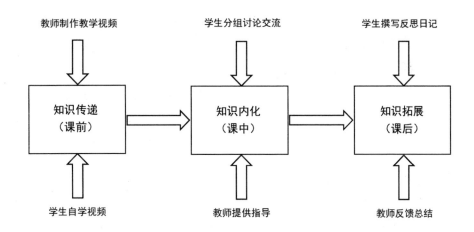

图 4-1-1　翻转课堂理论在英语翻译教学中的应用模式

1. 课前

教师将翻译理论与技巧分解为多个独立而又有机的知识点，然后使用录制视频的软件录制 8～10 分钟的短片，供学生在课前自学，并指派实践任务。把班级学生分组并让他们进行小组翻译。小组成员合作紧密，明确任务分工，共同完成终稿。每个小组的组长将翻译结果发送给老师，老师会评估翻译成果并标注出优秀和有误的部分。然后，老师会把这些翻译结果制作成幻灯片，在课堂上进行讲解和总结点评。老师需要使用在线平台监督学生自学教学视频内容，并在线解答学生在观看视频时遇到的问题。

2. 课中

因为学生在课前自行观看教学视频、学习了翻译的理论和技巧，并且已经完成了翻译任务，所以在课堂上表现出色。因此在课堂上，教师可以先简要复习和总结视频中的翻译理论和技巧，随后，学生们可以以小组形式进行讨论和交流。讨论的核心在于探讨翻译过程中面临的主要困难有哪些？通过应用翻译技能来找到另一种表达方式的。翻译的语言风格是否符合要求？老师应该在学生讨论时提供必要的引导和指导，在学生讨论之后，每个小组会选择一名代表，他们将用PPT的形式展示小组在讨论中得出的结论和翻译的成果。其他小组的同学能够提供反馈，包括指出译文存在的问题以及赞赏其中的优点。最终，老师将通过预先准备好的教学PPT，对学生的翻译进行公正的评价。评价中，既要赞扬学生翻译得好的部分，又要指出学生需要改进的地方，并且在整个教学过程中，贯穿翻译理论和技巧的实践演练，从而教导学生在实战中运用翻译技巧和知识。在小组讨论中，学生们可以互相交流课程翻译，并互相评价。这种互动交流可以帮助学生们相互学习，取长补短。同时，这种交流还能促进师生之间、学生之间的互动，让知识更加深入人心。这种体验可以帮助学生们更好地发挥主体作用，实现更高效的课堂体验。这种学习方式也能够提高学生的自主学习能力和思辨能力，有效提升课堂的学习效果。

3. 课后

通过观看预先录制的视频和在课堂上的讨论交流，学生们可以更深入地理解和认识翻译理论和技巧。及时反思课堂所学知识，做好课后总结，对于学生的学习成效至关重要。学生需要回顾并总结在课堂讨论中的问题，巩固所使用的翻译技巧，并将其应用到实际的翻译实践中，以此达到举一反三的效果。老师应该鼓励学生写反思日记，这样可以帮助老师更好地了解学生的困惑，并给学生提供在线指导和解答问题的机会，从而提高教学效果。

（三）翻转课堂与英语翻译教学结合的具体实践

翻转课堂的教学模式侧重于提前传授知识，并且优化知识的内化过程。在翻译教学中，教师需要设计包含课前任务和课堂活动的教学内容。英语课程中，听力和阅读的比重比翻译更大，会导致课堂时间不足难以进行深入的翻译讲解。同时，教材也没有充分涵盖必要的翻译基础知识。提高学生的语言综合应用能力和掌握汉英语言差异，建议教师可在课堂中适度开展翻转教学，加强对学生翻译技能的提升和实践训练。根据不同的章节内容，教师可以制作个性化的翻译教学微视频，在课前让学生进行自主学习。教学课程应当以教材中的翻译练习为核心，促进师生与学生之间的互动交流，以提高学生的双语训练水平和语言意识，有效提升其翻译能力，并且有助于学生在阅读和写作等多方面的能力上得到进一步提高。

教师制作的视频应该尽量简洁明了，时长不要超过15分钟，避免学生在观看过程中分心。教学内容应该精简，将翻译理论和技巧分成模块来呈现。每个视频都聚焦于一个独特的知识点，例如奈达的功能对等理论、增减词技巧、直译意译等翻译方法。要实现重点难点突出的教学，必须确立清晰明确的教学目标。教师还需兼顾到翻译教学的整体性和连贯性，以协同英语读写达成全面的教学目标。因此，在选择翻译材料时，应涉及英语课文内容和相关知识点，以便视频能够起到帮助学生掌握和巩固课文知识点的作用。另外，需要确保视频录制的图像和声音质量良好，播放时不出现卡顿。在教学中运用翻转课堂，虽然表面上看起来降低了教师的影响力，但实际上是加强了教师的主导作用。在录制课前教学视频时，老师需要确定教学的关键内容并设定教学目标，同时为学生分配任务。教师需要监督和鼓励学生在视频发布到网络平台后进行观看，并及时回答学生提出的问题以消除疑虑。在课堂上，教师需要概括归纳视频中的翻译理论和技巧，安排学生分组协作讨论，在协作学习中完成知识内化。同时，教师还需要对学生的译文进行评价，并将优秀的译文展示给全班同学，这样可以保证学生的翻译水平得到提高。运用生生互评和师生互评的方式，可以帮助学生更深刻地理解翻译理论并增强翻译技巧的应用能力。课堂结束后，教师需要带领学生进行翻译反思，并深入了解学生的疑惑，以此调整教学计划，提高授课水平。在翻转课堂模式下，学生的身份和地位都有所转变。在教师的指导下，学生不再被动地接受知识，而是通过积极参与小组讨论活动，变成了主动探究知识的人。

与传统的教师授课为主的课堂不同，翻转课堂更加关注学生的主动性，以学生为中心，让学生发挥自己的主体作用。教师在设计课堂活动时，强调培养学生的自我探索和解决问题的技能。在制作视频时，教师需要精心挑选与学生生活息息相关的素材，以此激发学生的学习兴趣并激发其学习的热情。可以设计一些翻译练习：在进行翻译练习时，要注意使用相关的翻译理论和技巧。教师在课堂上应该鼓励学生以小组合作的方式完成学习任务并展示他们的成果，以此激发学生的主观能动性并彰显他们的主体地位。

第二节　高校英语翻译的慕课教学模式

一、慕课教学的内涵及特征

（一）慕课教学的内涵

慕课英文简称为 MOOC，全称是"大规模在线开放课程（Massive Open Online Courses）"。慕课教学源于美国，在短短数年间，被全世界广泛运用。慕课这一模式是具有分享与协作精神的个人组织而成，将优异课程予以上传，让世界各地的人们可以下载与学习。

从形式上说，慕课教学就是将教学制成数字化的资源，并通过互联网来教与学的一种开放环境。本质上看，慕课教学是一种与传统课堂相对的课堂形式，因为其基于互联网环境而发送数字化资源，实施的是线上教学。学生完成了网上课程学习之后，通过在线测试，可以获得证书或证明。

一般情况下，慕课教学的要素包含如下四点：一是具有完整的教学视频，并且一般时间设置为 6～10 分钟；二是具有完善的在线考试体系，往往可以实现过程考核与个性考核；三是具有一定量的开放性话题，可以集中学生的学习兴趣与积极性；四是具有 PPT、电子参考教材、模拟试题与解析等其他辅助资源。

基于这些要素，慕课教学需要教师与学生之间的互动，如教师对信息的发布、回答学生问题等。慕课教学本身为学生提供了学习的数据，教师和学生都可以通过数据，对学习状态进行分析，从而改善自身的学习情况。

（二）慕课教学的特征

慕课在线网络开放平台向全球提供服务，所有人士都能够免费使用。作为一种新型的在线网络教育平台，慕课不受空间和时间限制，使得移动学习成为可能。相较于传统的网络公开课或远程教育，慕课的特点在于其大规模、开放、自主和互动的优势。以下是具体的展现。

1. 大规模

慕课在线网络教育平台的规模庞大，表现在许多方面，如大量学生参与课程学习、平台数据庞大、众多高等院校加入、教师团队众多并积极参与课程教学，以及拥有丰富的网络课程供学生选择。大家都知道，传统课堂教学存在场地和空间限制，只能容纳一定数量的学生，但是在慕课在线网络课堂中，学生的人数不受限制，来自不同国家和社会阶层的人们只要想学习，就可以利用慕课在线注册并选课学习。慕课提供了数量众多的在线课程，范围广泛覆盖了人文、法律、历史、商业管理、工程、社会科学、计算机科学、公共卫生、人工智能、经济与金融以及自然科学等多个学科和领域。

2. 开放性

与传统的课堂教学相比，慕课的学习资源非常自由开放，适用于任何人群，没有任何限制和门槛，只需在慕课网上注册即可享受大量的学习资源，自由选择学习内容。慕课平台对学生的身份、条件没有限制，只需要上网就能免费接受海量优质的课程。平台没有任何筛选机制，所以任何人都可以在任何地点、任何时间灵活学习。慕课向有学习需求的广大学生提供优质的教学资源，并且完全免费。慕课其中一个重要的价值在于，打破了大学学习的限制，让高等教育资源更加公平和普及化，使得有志于终身学习的人能够更方便地获取知识。在慕课平台学习的人不仅可以获取知识，还可以通过整理、创新、分享等方式成为知识的创造者，从而推动开放学习资源的不断发展和更新。

3. 自主性

慕课网络课程采用全在线学习模式，先将讲课视频提前录制好，上传至网络平台提供学员观看、学习。学员需要通过网络在线完成所有学习任务。通过网络在线学习，学员可以自由安排学习时间和地点，只需要一台电脑和良好的网络连接就可以随时随地进行学习。这种学习方式突破了传统课程教学的时间和空间限制，满足了更多用户个性化需求，激发了学员学习的热情，提高了学习效率。

4. 互动性

慕课在线网络课堂的互动性独具特色，与传统课堂和以往网络教学有所不同，并且备受广大学员的青睐。慕课提供了许多线上交互工具，例如网络问答社区、留言板、微信、微博和脸书、推特等即时通信软件，为学员提供了解答疑难、表达观点、交流思想的机会。这些工具可以在学习之余使用。学生们不仅可以与老师就课程问题展开沟通，还可以共享观点、交换思路、参与论坛话题。除此之外，慕课和传统课堂最大的不同之处在于慕课采用的是"微课程"，这是一种只有 10 分钟的短视频课程。这种方式可以很好地吸引学生的注意力，提高学习效率，也大大激发了学生的学习热情。

二、慕课环境下的高校英语翻译教学

慕课是一种新类型的网络开放课程，引入了现代化的基于网络的教学形式。它通过网络将来自不同地区的学生连接在一起并通过视频交流和学习进行练习。相较于过去的单一教学方式，慕课为大学英语翻译教学提供了更广阔的空间。大学英语翻译教学已经摆脱了过去的限制，现在可以在慕课环境中供任何有接入条件的学生根据自己的需求学习。慕课采用现代化技术，将先进的教学模式融入基础教学中，将所有有利于教学的资源放置在网络上。一开始学生的学习兴趣主要来源于对新兴事物的好奇，但随着学习的深入，学生更多的兴趣是来自于自身的融入和从英语中获取的启发，同时也通过与教师的互动不断提高学习效果。应用慕课环境于大学英语翻译教学，可以实现更智能化的教学方式，同时更加明显地体现学生在教学过程中的作用。此举不仅可以为慕课教育和推广提供支持，而且可以更好地发挥教学效果。

目前，我国在大学英语翻译教学方面采用了两种主要方法。一种方法是将慕课环境的大学英语教学作为主要教学方式，辅以传统的大学英语翻译教学；而另一种方法则主要依托于翻转课程这一新兴的教育方式，使传统大学英语翻译教学得以产生实质性的改变。翻转课堂可以将教师录制的大学英语翻译教学视频放映给学生观看，这种模式与传统的教育教学模式基本相同，但在慕课环境中称之为课前预习。预习模式更加快捷有效，也能够节省时间。学生可以在课余时间观看视频，学习后可在系统中留言提问。在课堂上，学生应全神贯注地学习，而教师则应专注于回答和指导学生提出的问题，并将学生的问题总结起来，以便寻找学生学习时遇到的难点和重点。接着，教师可进行二次讲解或者针对性地分析和回答问题，从而加深学生的学习效果并巩固英语翻译教学。

三、慕课对于翻译人才培养思路的拓展

慕课是一种新兴的教育模式，在全球范围内越来越受欢迎，它重视利用现代化的网络技术来改变传统的教学方式。虽然慕课的兴起并非特意为翻译教学而生，但与其他课程相比，慕课的全球化、跨区域和跨学科等特点可能更符合翻译学的需求和特点。研究表明，慕课在外语学习领域的应用广泛。这是因为慕课所提供的技术可增加外语学习的经验积累。

当前高校的翻译人才培养方案，可以得出这样一种观点：针对大学教师而言，他们应该更适合参与慕课，因为相较于学生而言，教师拥有更为丰富的教学经验，这使得他们更容易参与慕课，并且对于慕课的整体内容可以有更为宏观的把握。因此，运用慕课平台全面提升教师素养，不仅对于提高翻译人才培养的水平具有重要意义，同时对于翻译学学科的建设和发展方向也具有重要影响。慕课为提高教师素养提供了更多的途径。

对高校教师而言，它的作用有以下几点：

其一，教师可以以自己的节奏和时间进行在线学习，通过网络平台聆听世界上优秀的老师授课，与来自世界各地的学习者互动交流，从而摆脱地域和时间的限制。具体而言，教师可以根据自己的安排在家或下课后观看视频，并在慕课平台上与学生互动，以解决他们在在线学习和离线学习中遇到的各种问题。慕课独特之处在于它克服了学生在时间和空间上的限制，让教师得以全面了解翻译教学在国内外的最新动态。由于部分年轻教师受到繁重的教学任务和学校资源的限制，导致对于翻译学方面的老师来说，全面提升教师素养，包括走出校门，甚至走出国门，都成为一个难以逾越的限制。慕课为我们提供了突破这些难题的途径。通过慕课系统化的、可反复回放观看的教学视频，教师可以自主选择教学时间、内容和进度等方面，从而更灵活有效地完成教学任务。

其二，慕课的开发者是在某一学科或专业领域名声显赫的权威专家和学者，

他们的教学思路清晰、逻辑严密，在教师授课和课堂互动中都专注于问题的全面性和针对性，确保学生能够得到完善的教育体验。据一些学者指出，在网络上开设慕课的通常都是该领域的专家学者，他们多数来源于知名院校或者地方学校的知名课程。通过慕课，不仅可以拓展学术渠道和传承思想，同时也能将知识传播至更广泛的受众。在线视频课程为学习者和教师提供了一个双赢的机会。学习者能够在专注聆听的同时，思考不同领域的问题；同时，许多教师也能够参与到国际一流大学的在线学习中，通过与世界名师的论坛和互动交流，在跨时空的学术资源共享中扩展学术视野，并在教学过程中激发出丰富的想象力和创造力。

其三，此外，慕课拥有大规模在线学习的特色，可以使不同地方、不同职业以及各个年龄段的学习者能够在线上进行实时互动。具体而言，通过在线咨询和答疑，让许多未能亲身体验国际学习机会的学习者得以便捷地获取国内外各种学术信息。通过预习课程和收集相关资料，可以激发学习者的好奇心，以更贴近教学进度的方式探索知识。通过相互批改或自动批改客观作业题目，可以及时检测或评估个人各项能力的水平。在论坛上问问题或回答别人的问题，可以通过与他人的比较来了解自己在能力或水平方面的长处和短处。颁发慕课证书或获得从事该工作所需的资质或资格，有助于提升教师在教学和社会实践中的自信程度。这样做会提高教师整体素质等，其他措施也会产生类似的效果。

此外，慕课还提供了大量适用于翻转课堂的资料。当前教学改革中有一种很先进的教学方式，叫作翻转课堂。它的核心是把教师和学生的角色对调，让学生成为教学的主体，真正发挥主导作用。在当前的翻译教学改革中，教师应该在不改变文字意思的情况下，思考以下问题：如何实现翻转教学，达到有效的翻转程度；如何在翻转中担任主导角色；如何让学生作为主体来实现教学目标；如何面对不同层次学生提出的各种问题，并积极应对；如何实现翻译人才的培养；等等。这几个问题都是目前翻译教育改革所面临的问题。而且，由于慕课的大规模性，它所展现出来的大量实例、实例或案例，能够打破教师视野的限制，为翻转课堂的教学提供各种各样的鲜活的素材。

首先，作为慕课学生的一员，教师能够更好地理解学生对知识和社会实践的需求，因此在设计课堂教学时，能够更全面地关注学生需求的各个方面。在传统的课堂教学中，教师侧重于教授语言对比、翻译技巧和技能训练等知识。而在翻转课堂中，教师可以借鉴在慕课中获得的启发，设计更符合学生实际的讨论课题，并利用慕课中的声音、图片和文本等资源进行教学。此外，在慕课上，许多优质的教学方法也可以在课堂上进行创新性复制，以提高课堂教学的针对性、实用性和有效性，从而激发学生的兴趣和想象力。

其次，在翻转课堂中，教师的角色不仅仅是在理念上的变化，教师还要担任课堂教学的设计、策划和实施的重要角色。教师应当将学生存在的问题转化为其他相关问题，加以串联并整合，以便学生在实践中能够应用并加强记忆。慕课的经典性和大规模性使得各方面的问题得以充分呈现，从而为翻转课堂提供了丰富多样的案例材料。

可以尝试以一段典型的文本（如文学或商务文本）为例，进行翻译，并在学生之间开展头脑风暴，以展示各种问题。随后，老师可以总结出不同问题的核心，参考在线课程的经验，指导学生进行互动和交流，以便他们在实践中提高他们的英语翻译能力。这样的实践将帮助学生更好地理解英语翻译，强化他们的英语能力和对世界文化的认识。同样的，现今在西方翻译研究领域，教学实践中已经将社会需求、翻译标准、学生为中心、信息科技、心理过程等多种理念融入，现在更加注重采用"模拟真实情境教学法"和"过程教学法"来提高学生的翻译能力。这些想法或方法在慕课中通常都会体现，教师可以利用慕课的教学思路来充分发挥学生的主体作用。

慕课利用先进的科技手段，整合了互联网上的丰富资源，打破了地域和师资的限制，为现代教育提供了卓越的服务和资源的支持。可以表述为通过慕课学习，我们不仅可以更广泛地利用社会资源，还可以批量培养多种类型的人才。虽然慕课在人们的实践和预测中被看好，但也必须承认它是一项新生事物。要想将其与高校的课堂教学相媲美，需要一定的时间。具体来说，慕课仍然面临以下几个方面的挑战：

其一，慕课教育的信息量很大，同时也很零散，难以辨别哪些知识对个人来说实际有用，因此可能使人陷入犹豫不决的状态，消耗了时间和精力，但实际上可能并没有学到实用的知识。这也是由于慕课教育在学术积累和教学经验方面的不足所导致的。

其二，慕课的广泛覆盖与学生的个体化需求之间存在的矛盾，因此慕课所提供的教育内容难以完全符合每个学习者的实际需要。"大规模"不仅是它的优点，也是它的局限性。因为学习者的年龄和知识结构不同，有时他们难以交流。慕课的难易程度很难满足所有学习者的需求，而对于中途加入的学习者，有时很难跟上整体的进度。因此，我们需要认真思考这些问题。

其三，由于网络平台的广泛应用与慕课制作的专业性之间存在的矛盾，慕课开设的成本显著增加。对于高校而言，如果没有建立一个密切合作、具备一定专业技术能力和适当资金支持的团队，要想"向全球开放"，这是不现实的。一般教师难以胜任此项任务。就当前全国的整体情况而言，慕课并非学校必备的课程设置，也未被纳入考核和评估范畴，更多是教师在业余时间为提升个人素质而自觉选择的行动。

虽然以课程为主的慕课是一种教学模式，但它无法完全替代大学教育。就像一些专家所指出的那样，"慕课的产生是由于信息技术的快速发展，然而，仅仅依靠技术本身并不足以构成完整的教育体系"。因此，无论是关于翻译的慕课还是与外语有关的慕课，它们并不适合所有人，即使是高校的教师也必须根据自身和学校的实际情况作出最适合自己的最佳选择。在提高个人素养的基础上，全面提高翻译人才培养的质量。

第三节　高校英语翻译的微课教学模式

一、高校英语翻译教学中应用微课模式的意义

在大学英语翻译教学中，教师应该以学生的兴趣为导向，采用学生感兴趣的翻译教学方法，以提高学生的参与度。学生只有积极参与，才能更好地掌握教师讲授的英语知识。因此，为了实施兴趣教学，教师可以采用微课模式来进行教学。微课教学具有明显的特色，它可以快速地呈现课程的重点内容，教学方式也非常灵活多样，能够不断地给学生带来新鲜感，从而让学生期待不断，对翻译教学保持高度兴趣。同时，微课教学所提供的教学资源十分丰富。学生利用微课教学资源的学习，可以更高效地学习英语知识。总之，在大学英语翻译教学中，微课教学被证明是极为有效的一种教学模式。微课教学可以提高英语翻译教学的效果，让教学目标更容易实现。

二、微课理念下的英语翻译教学的可行性

（一）从教学主体——学生来看

在英语翻译课的教学中，教师除了要向学生讲授有关英语翻译的理论知识和应对技巧之外，还要发挥教师的指导作用。教师应在课前为学生精心准备翻译的资料，在与学生的交流和互动中，使学生将理论与实践结合起来。无论是学生的文字表达能力还是实际翻译实践能力，都能在课堂上得到提高。微课这一教学新模式以其顺应信息化时代下的潮流从而能吸引学生的特点，在世界各地被广泛推广并使用，得到良好反馈。学生在微课中可以根据自己的实际学习情况和接受情况调整课堂进度，学习教学视频。当然，就其形式来看，学生是非常喜欢的。随着移动信息设备的广泛使用，目前在校的所有大学生大都拥有至少一款智能手机或电脑，因此他们可以随时随地通过互联网进行学习。高校英语翻译教学可以很好地融入微课教学，就教学主体而言这是完全可行的。

通过微课进行教学就是教师将在课堂上想要强调的知识点，通过一个个简短精炼的视频逐个进行讲解，然后使学生可以自行学习。这种形式非常适合用来讲解翻译技巧，因为翻译技巧往往比较独立，如转化法、合并法、拆句法、省译法、增译法等。教师将各种方法在视频中进行展示讲解，并附上课后练习，帮助学生进行知识巩固。

（二）从教学过程来看

微课的整体教学模式包括课前、课中和课后三个阶段。在课前预习中，学生会通过视频了解在课上将要学习的内容，并且自己先进行课前的学习，完成教师留下的课前作业。课中的视频则是将在课堂上教师想要强调的、学生可能会在实际运用中遇到的重难点进行讲解。课后的视频和作业则可以帮助学生继续巩固知识点，对于学生在学习中遇到的问题还可以在线上帮助解答，便于教师了解学生的学习情况并及时调整。在课堂上，教师可以采用"翻译工作坊"的形式帮助学生进行学习。教师可先让学生进行翻译视频的观看，然后将一些文章段落拿给学生，让其进行翻译。在学生翻译前，教师可将学生分成几个小组，可以让学生在组内讨论，教师从旁指导。最后学生翻译出的文章，可以由教师和学生共同评选

出最佳的翻译作品。在这样的形势下，学生与学生之间、教师与学生之间的互动都会进一步得到加强，学生自己也会更加了解自己的学习情况，并找到适用自己的学习方法进行学习。

所以从微课的教学环节来看，微课是非常适用于大学的英语翻译教学的。微课正好利用了现在网络时代的特点，将碎片化的信息有逻辑性地进行合理整合，通过一些具体的语言场景和碎片化的语言知识，将学生需要学习的庞大的知识进行具体的讲解，使学生不但学会了课堂上的知识，还进行了课外知识的拓展，以交流合作的方式逐渐提高英语翻译能力。

三、高校英语翻译教学中微课教学的应用

（一）在翻译理论教学中应用微课

所以大学生常常只是学得了大量英语词汇，并且知道了一些语法，但是当实际应用英语的时候，却会屡屡遇到障碍。例如，学生在课上或者课下需要用英语进行翻译时无法做到顺畅地表达，甚至翻译的内容表达出的目的会偏离文章的原意。英语翻译的实质是，遵从文章的本意，顺利地将英语转换成汉语，当然也要会把汉语转换成英语。从目前这种情况来看，教师还需要利用课上时间进行翻译教学。比如，可以占用课堂上 10 分钟的时间，集中进行翻译理论讲解，以求达到提升学生翻译能力的目的。当学生学到这些知识要点后，会翻译得更加流畅合理。

在开展课堂教学前，教师应对自己掌握的翻译理论进行总结分析，从中提取具有应用价值的理论，然后对每种理论进行深入讲解，并列举具体案例进行说明。其次，教师可以在课堂上先放映微课课件给学生观看。一般来说，微课的演示时间为 5～15 分钟。通过将语言讲解与图片、音乐等内容相结合，可以为学生营造一个适宜的学习氛围，在短时间的播放中达到更好的学习效果。最终，当微课课件播放结束后，教师可以重新概括内容，并与学生一起探讨课件中的知识点。这样可以在课堂氛围活跃的同时，加深学生的记忆，帮助他们更好地掌握翻译理论知识。

（二）在跨文化意识培养中应用微课

学生在进行翻译时，会受到本土文化的影响，按照既有的文化意识翻译。所

以为了翻译得更加准确合理，学生需要加深对西方文化的了解。当学生翻译西方故事时，首先需要充分了解西方文化，然后要调查故事背景，最后要努力将故事的原意表达出来。教师应该根据学生翻译的需要，在教学过程中利用十分钟的微课，向学生传递西方文化知识，让学生充分了解西方社会背景和风俗民情，帮助学生提升翻译的准确度。

因此，大学教师在开展英语教学过程中，要注重翻译教学。教师应积极采用多种教学模式，将理论与实践结合起来，不断提升教学技能；将总结出的教学经验融入微课教学，拓宽翻译知识讲解范围以提升教学效率。这有利于为学生的英语翻译学习打下牢固的基础，并可以帮助学生在未来从事英语方面的工作时能做到游刃有余。

社会越来越需要大量的专业翻译人才，并且需要他们具有较高的素质。为了迎合社会的需求，高校应加大对英语翻译教学的重视程度。高校应对存在的问题，抓紧研究，全面分析总结，不断调整课程安排和学生的学习内容；增加学生关于其他国家文化知识的学习课时，充实教学内容，鼓励教师使用多种教学方法，促使英语翻译教学取得实质性的进步。

四、微课背景下英语翻译教学存在的问题及对策

随着信息时代的演变，微课已成为以课堂教学视频为主要内容的教学手段。对于传统英语翻译课程的单一形式和模糊目标的问题，开展微课教学已成为当前教育界的新趋势。微课时间紧凑、重点突出、学习自由度高等优势激发了学生的学习兴趣和热情，使其不再死板地逐字逐句翻译，而是转向更综合的英语翻译方式。虽然英语翻译微课已经问世，但是视频制作水平低下和教师们的微课理解度不足等问题依然存在。为此，本文作者提出了相关的解决方案，供学术界参考。

（一）明确微课的概念

对微课这一概念，有一个清楚的认知是正确认识在英语翻译课程中微课产生的作用的前提。实际上微课类型众多，有游戏型微课、学习型微课、试验型微课及联系型微课等。简而言之，根据一个知识点来创建的微视频学习资源就是微课。

像试验型微课比较适合用于高校英语翻译课程中，如模拟一个国际会议场景，教师应从视频中来观察学生在该场景中面对一些问题会进行怎样的思考并采取何种解决问题的方式，相较于传统课堂的教学，微课这种灵活生动的讲授方式效果更佳。这时，教师需要拟定相应的教学计划和目标，以此为基础为不同的目标制定相应的课程，并生成完整的微课系列。

（二）把握视频制作的细节要领

通过长期的经验探讨，为了优化整个微课视频的质量，教师可以针对视频制作方面的几个细节加以改进。初学者对翻译的准确性非常重视，因此，教师在制作视频时应确保自己的发音标准，背景音乐方面也最好符合课程内容，不要忽视掉语气、语速、语调、语音以及字幕的作用。如此，微课构成会更加合理。此外，为了规范课程，优化授课视频，英语翻译微课制作者也要有所改进，即规范英文标题中单词首字母的大小写。有些单词的首字母不需要大写，如连词、冠词以及介词等虚词的首字母；而有些需要大写，如名词以及形容词等实词首字母。

微课是一种有宣传价值的教学模式，它的优点在于较低的技术门槛、高效率的传播交流、简单快捷的制作以及广泛的应用途径。高质量的数字化学习资源已成为教育的新趋势，因此，创建标准发音微课也是必然的。教师更应当长期关注信息技术在英语学科上的融合、教学深层改革的推进以及如何通过吸引学生注意力的方式来使学生积极主动学习，使其学习质量、效率得以提高。这也是目前研究者一直在探讨的问题：微课如何以最佳方式融入英语翻译课程中。

第四节　高校英语翻译的混合教学模式

一、混合式教学应用于英语翻译中的意义

在高校英语翻译课程中，学习者需要掌握一定的翻译理论以及技巧，并且应该多进行与实际的联系，从而不断提高自己的翻译能力。在传统课程中，教师所采用的还是传统的教学方式，即课堂讲授，并且辅以大量的练习。这种授课模式存在两个很重要的问题：对于翻译理论的学习而言，主要是让学生进行记忆与理

解，这样在进行授课的时候显然会浪费大量的时间，从而影响课堂的效率；在进行课堂练习的时候，给学生留出的思考时间不多，从而导致学生很难完成课堂上的练习，大大降低了课堂效率。

（一）提升学生的自主学习能力

1.采用真实的情境

教师如果采用真实的情境会有助于提高学生自主学习的积极性，比如，在课堂上可以采用翻译案例的方式，从而使学生能处于真实的情境之中。需要注意的是，要想取得比较好的学习效果，学习者必须提前在课前进行学习，从而掌握相关的翻译理论与技巧。

2.教师进行指导

对于所选择的课程，教师可以将其制作成微课，以便更加有条理地对学生的自主学习进行指导；对于网络课程，教师应该多准备一些相关的学习资源供学生选择，从而鼓励学生进行探索，尽快找到适合自己的学习方法。

3.运用启发式的教学策略

教师在教学的时候可以采用启发式的教学策略。比如，学习者可以对生活中的一些翻译案例进行实践调查，并将调研报告与同学们一起在课堂上进行探讨，教师就可以借此回顾相关的翻译理论与技巧，启发学生进行深入的思考，从而在学生脑海中留下深刻印象。

（二）丰富教学资源

随着信息技术的发展，一些新的教学模式不断涌现出来，高校可以将信息技术与翻译教学结合起来。当下，大部分地区都有网络覆盖，除了在课堂上学习知识，学生获取知识的途径更加多样化，双语知识、翻译技巧等相关学习资料在网上层出不穷，学生可以随时随地在网上查找到自己需要的相关资料。

（三）评价方式更加多元化

在混合式的教学模式下，教师在进行评价的时候也不能拘泥于原来的评价方式，而是应该建立新的立体化的评估模式，真正实现以学生为中心的目标，从而客观地反映学习者的学习状态，不断调动学生学习的积极性。

二、混合式学习在高校英语翻译教学中的创新

（一）产出导向法模式

国外对于混合式的学习理论的实施是比较早的，也比较成熟的，一般采用的是线上与线下相结合的学习方式，学生可以自主地选择适合自己的学习方式进行学习。

在国内，文秋芳教授经过深入研究，提出了一种新的教学模式——POA，即产出导向法。

在课程开始之初，教师一般会根据教学大纲选择所输出的知识，并且在进行课堂讲授的时候也会根据学生的实际水平进行有针对性的指导，同时，教师还会设计一些相关的翻译任务，让学生以小组讨论的方式进行交流，从而使任务能够顺利完成。

为了巩固所学的知识，并且使其形成一种良性的循环，教师就会根据具体的情况进行安排，并及时与学生进行沟通。在进行教学管理的时候，始终遵循"产出导向法"的教育理念，并且与多媒体技术进行深入融合，从而将课程运用到课程中，着力解决课堂中存在的各种问题。

在具体的教学环节，教师与学生会遵循"产出导向法"的理念展开教学活动，并且将教学的阶段进行划分，从而使不同的阶段呈现出不同的教学任务。对于课程的评价而言，不应该再使用原有的终结性的评价方式，而是应该灵活运用多种评价方法，从而综合地对学生进行评价。

1. 教学整体思路

通过分析"产出导向法"的相关理念可以看出，教师在教学的过程中应该发挥中介的作用，教学活动也应该秉承"全人教育说"的教育宗旨，并且在正确教学假设的前提下开展具体的教学。

根据此种理论，教师在制定教学流程的时候应该注意以下几点：

第一，教师应该在网络平台上进行语言材料以及学习任务的布置，对于学生来说，可以让其根据自己的水平制定属于自己的学习任务。

第二，教师在布置任务的时候应该辅以相关的学习材料，这样学生在写作业的时候就可以根据相关的材料进行任务的学习。

第三，学生的学习任务完成之后，就可以在班级内部进行任务的展示。

2. 教学流程设计

（1）驱动设计

"驱动"环节会对学生的学习兴趣产生很大的影响。在产出导向法理论的指导下，"驱动"的具体要求为：教师应该提前给学生列出谈论的话题，并且应该将具体的交际场景呈现出来，这样就可以让学生及时发现自身语言的不足，从而产生强大的学习动力。

"驱动任务"并不能通过个人的力量完成，而是需要同学们组成学习小组完成。在班级内，教师可以将学生分成几个小组，每个小组的人数控制在六到八个人比较合适，并且应该让小组成员选出一个负责人，在进行具体任务设置的时候，小组就可以根据自己的情况填写小组手册，此时教师主要应该提供咨询服务。

"驱动"环节可以在课堂开始之前完成，在课前一周，教师就可以将相关的学习资料传到自主学习平台上供学生查看，并且应该制定一些具体的教学目标，从而不断激发学生的学习兴趣。至于相关的任务，应该让学生在规定的时间内完成。

教师在提供资料之初，就应该充分考虑学习任务单，从而给学生提供语言生动并且图文并茂的材料。学生可以根据自己的水平进行学习资料的选择，开展自主学习，在遇到不明白的知识点的时候就可以将其总结并提交给小组负责人，如果问题具有普遍性就可以上报教师。

通过此种方式，教师能够不断掌握学生的学习情况，这样在进行课堂教学的时候就可以做到有的放矢。那些发布在网络以及微课程的学习资料，是非常利于学生的自主学习的。在课堂开始之初，教师应该做好课前的辅导工作，并且应该引导学生对遇到的问题进行总结，这样教师在课堂上就可以有针对性地进行讲解。

（2）促成设计

这一环节是需要在课堂上完成的，在该环节，教师可以让学生明确任务单的具体要求，并且应该指导学生开展自主学习，从而保证产出任务能够得以完成。

在该环节，教师应该注意以下几点：

①教师应该有针对性地根据学生学习过程中的一些重难点进行分析，在讲解的时候，应该多运用启发式的教学策略，多引导学生进行自主思考，并且应该确认学生是否掌握了相关基础的知识。

②教师应该根据学习任务单，让小组内的成员展开讨论，让学生表达自己的观点，此时，教师应该起到良好的监督作用，并且应该密切关注不同学生的参与状况，从而保障教学质量。

③在规定的时间截止后，教师应该对整堂课进行总结回顾，并且评价课堂的优点和缺点，这样可以利于下次课堂更加顺利地开展。

（3）评价设计

这是产出导向法的最后一个环节，但是这一环节非常关键。所以，教师应该认真对待这一环节，并且在评价的时候应秉承公开公正的原则。

在深入分析混合式学习的特点以及相关的产出导向评价之后，教师就可以据此制定一些科学的评价体系以及测试体系，从而为学生制定个人档案。首先，教师可以通过网络平台上的相关数据对学生的学习进程进行考察，并且分析讨论发帖子的数量。其次，在组织课堂的过程中，应该有一定的展示活动，同时教师应对小组的总体情况进行评价和总结。最后，在进行学期总评的时候，应该将其纳入小组评价手册以及档案中，从而将形成性评价与终结性评价结合起来。

（二）产出导向法在商务英语翻译教学中的应用

1. 教学整体思路

按照产出导向法的教学流程，我们可以采用混合式学习创建以下教学步骤：在课前，老师先设计教学任务，并以"学习任务清单"的形式呈现出来，学生就可以据此进入网络平台进行学习，并且学生也可以根据自己的具体情况确定学习的重点与难点，对于那些学有余力的同学而言，就可以选择一些具有探索性的材料进行学习，教师也可以及时测评学生的完成情况。需要注意的是，在进行评价的时候，教师应该给出学生相关的建议。

2. 教学流程

（1）驱动设计

对于教学流程的各个环节而言，"驱动"是排在第一位的，这一阶段对于学生的认知与兴趣都会产生很大的影响。

产出导向法对教学提出了一些具体的要求：教师应该向学生呈现出来具体的交际场景以及需要互相探讨的论题，之后学生在进行探讨的时候就能够明确自身的不足，并且产生较强的学习欲望，从而获得比较好的学习效果。

驱动设计应该从具体的热身或者导入环节进入，教师可以利用许多不同的方式唤起学生之前脑海中的相关知识。此环节可以从以下两个方面展开：

第一，在课程开始之前，教师应该提前准备"学习任务清单"，并在网络教学平台上发布。一旦学生接收到任务，教师应进一步强调学习的重点。之后，学生就可以对照学习任务单的需求，自主地进行学习材料的搜集与学习，这些学习材料的来源是很广泛的，比如，很多的一次性的材料、教师提供的材料等都可以成为学生课下学习的重点。

第二，课上。到了具体的授课环节，教师就可以根据学生学习平台上反馈出来的数据评判学生的学习效果，并据此制定下一步的学习要点。

（2）促成设计

在这一环节中，教师需要充当起中间人的角色，引导学生围绕"学习任务单"评估自己对知识的掌握程度。如表4-4-1所示，是这一环节设计中必不可少的要素。

表4-4-1　促成环节设计要点

序号	教学步骤	教师活动	学生活动
1	教师对产出任务进行简要描述	对任务进行详细描述，并组织各项教学活动	应该知道自己的学习任务，并进行分组与讨论
2	学生开始选择性学习，此时，教师应该给学生一定的指导，并检查学生的学习效果	对各种资源进行整合，让学生开展个性化学习	进行自主学习，获得各种语言与知识的储备，并且尝试产出
3	学生在练习产出时，教师应该给予一定的指导并检查学生的产出成果	教师协助，评价补充	自主学习与合作学习相结合，巩固所学知识

（3）评价设计

教师在进行评价的时候应该综合考虑学生课前的自主学习情况，并且也应该将学生听力、口语、阅读、翻译等具体情况纳入到评判的范围之内。

学生之间也应该进行互评，有些评价可以在课堂上进行，也有一些评价可以在课外完成，在评价之后，还应该进行总结，修正之前工作中欠缺的地方，并找到改进的措施，从而巩固教学效果。

3. 教学实践

以"商标的翻译"为具体案例，采用产出导向法进行教学设计，由于商标的翻译是比较复杂的，所以，在面对激烈的市场竞争时就应该充分考虑不同国家的文化与思维差异等种种因素。具体的教学设计环节如下：

（1）驱动

不在上课之前，教师就应该将学习任务单发布在教学平台上，这样学生就可以领取具体的任务进行学习，之后学生可以观看相关的视频，比如，欧莱雅的广告——Beauty For All（让所有人拥有美），据此就可以了解为什么 L'OREAL 会被翻译为"欧莱雅"，教师可以问该翻译所用的翻译方法是什么，等等，启发学生进行深入思考。之后教师可以给学生安排一些文字资料进行学习，比如，《商标翻译的原则》等，这样学生就可以根据比照学习任务单，检查自己的任务掌握情况，同时，学生还可以就自己不明确的地方向教师请教，教师就可以根据具体的情况给予学生一定的指导，并给出一定的建议。

（2）促成

根据学生课前自主学习的相关情况，教师可以在课堂上提出一个具体的任务，比如假设你是某品牌食品厂的业务员，那么你应该如何进行产品的推广，使其在外国市场广受欢迎？在翻译的时候，应该遵循什么样的语言特点呢？在课前可以让学生观看相关的视频与资料，从而掌握部分商标翻译的语言特点与翻译原则。

教师可以通过观察学生的反馈从而明确学生的知识掌握情况，对于不同的学生而言，他们对文化因素的重要性的认识程度是不同的，所以，教师就应该据此加强学生对文化因素的认识。

首先，教师可以通过案例的方式，让学生明确商标在语言上的不同特点，并且可以组织小组进行分工合作，从而在网络上查到更多的商标，并且集合团队的力量，总结商标的特点。

其次，教师可以引导学生进行相关翻译技巧材料的阅读，也可以在一些相关的平台上进行文化差异的深层次分析，从而明确中西方文化的不同。为了让学生获得更好的学习效果，教师就可以采用对比的方式，让学生明确好的译文和差的译文之间的差异，从而让学生明确准确翻译的重要性。

最后，可采用小组的方式进行讨论，从而选择出最合适的品牌商标的翻译结果。

（3）评价

教师在对学生进行评价的时候可以在网络教学平台上进行，还可以要求学生互相评价他们的学习目标。教师要适时地作出反馈，对学生在语言、知识、文化等方面存在的问题进行修正，并给出具体的改善方案，从而提高学生对品牌词的词汇美、音韵美、意境美的认识，从而达到巩固教学成果的目的。

三、基于混合式学习的英语翻译智慧教学的建构

在智慧教学的过程中，教师应在考虑学生英语水平的前提下，推送适合的翻译材料，并启动探究式学习。学生可以通过互联网平台获得丰富的学习资源，同时建立学习小组以交流翻译方面的心得。教师则可利用现代信息技术，实现更加智能化、动态化的教学管理和教学评估。

（一）开展智慧教学的条件

大学生们越来越流行利用智能手机应用程序来进行英语学习，这也与 4G 技术和 Wi-Fi 技术的流行有关。教师可以帮助学生利用乘车、午休、课余等碎片时间来进行英语学习。

教师能够协助学生选择适合自己英语水平的手机应用，同时协同学生制订可行的学习计划。那些英语基础相对较差的学生，可以用手机应用程序如有道词典、百词斩、口袋单词以及边行走边听背单词来增加他们的英语词汇量。有一些学生基础较好，他们可以利用手机 App 比如英语流利说、英语听力大全、英语趣配音等来提高口语交际能力。

那些拥有较高英语水平的学生，可以下载一些手机应用程序，比如说 CHINA DAILY、21 世纪英语报、听新闻学英语和有声双语小说等，以此来了解时事政治和欣赏名著。教师与学生可以利用慕课平台、微信群、QQ 群等工具交流互动、分享学习心得。教师可以通过教学平台安排学习任务、管理教学进度、进行教学评估，实现实时指导、学习互动和评价反馈。

（二）搭建智慧教学平台

英语教学需要利用移动互联网工具和技术，如慕课、微课、微信、QQ、云盘和移动应用程序等，来构建智慧教学平台。这个平台囊括了教师管理、学生管理和教学资源三个方面。教师管理平台的职责包括但不限于：安排学习任务，促进师生交流，加强教学管理并进行教学评价。学生管理平台的职责包括但不限于接收学习任务、促进师生在线问答、促进小组协作与探究以及促进同学之间的互动交流。教育资源平台的职责包括上传教学资料、发布微课视频、推荐手机应用程序并提供慕课资源的推送。教师和学生可以使用智能教学平台，进行传统面授和线上网络学习的教学方式，并完成课前预习、授课、讨论、巩固等不同阶段的学习环节。智慧教学平台可以助力学生获得优质的学习资源并积极参与课堂教学活动。教师还能够履行教学任务，比如指导学生、监督学习进度、评估学习成果等。

（三）混合式学习的教学设计及教学环境

在混合式英语教学中，教师既不能完全放弃传统的教学方法，还要为学生提供一个网络教学平台。学生可以通过课上和课下两个途径学习英语，从而提高自己的英语能力。

传统的教学模式已经不能满足现在高校英语的教学需求，因此，原本的以教师为中心的传统教学模式需要作出改革。在网络技术的支持下，高校英语教学开始改革，重视学生的主体地位，这是高校英语教学的重大变化。在高校英语教学中，使用最多的还是多媒体技术和网络技术，多媒体技术和网络技术可以帮助教师在课堂上灵活地安排时间，调用学习资料，使师生之间的交际范围更广。另外，教师在利用学习资源的时候，形式也变得丰富多彩，给学生带来更多的视觉冲击，这能够极大地激发学生学习英语的兴趣。教师在进行网络教学时，并不是仅仅将网络当成教学工具，还要教会学生关于网络的使用知识以及鉴别信息的方法，帮助学生形成完整的人格。因此，信息技术辅助高校英语教学不仅能够在教学上带来极大改变，而且对学生的思想也会产生很大的影响，教师的正确引导会给学生的学习带来更大的收获。一些在线学习 APP 还可以让学生随时随地进行学习，从而使学生充分利用碎片化的时间，这对英语学习来说是十分有利的。

信息技术在高校英语中的应用不仅对教师的角色进行了重新定义，而且将教师的角色向外延伸了很多。网络教学平台、多媒体教学设施都在高校英语教学中发挥了巨大的作用，使高校英语教学从原来的课堂讲授模式变成现在的丰富形式。教师利用网络上丰富的教学资源，确定最优的教学计划，按照教学计划和教学目的从网络上寻找适合学生学习的教学资料，形成具有特色的教学课件。

高校还要为学生提供完善的硬件和软件设施，为学生打造良好的学习环境，使学生能够最大限度地学好英语。另外，高校可以多为学生争取一些英语实践锻炼的机会，使学生在实际的语言环境中锻炼自己的英语能力，这对提高学生的英语水平大有帮助。

（四）3S 教学管理体系

3S（Systematic，Spontaneous，Specific）教学管理体系重视教师和学生在教学管理中的双重作用，以实现有机的、自主的、个性化的管理。系统化指的是教师利用互联网平台提供的信息，跟踪学生的学习情况，并实现线上线下相互衔接的有效监督。老师会提醒学生按期完成学习任务，每周会检查学习情况，利用交流平台了解学生线上学习过程中遇到的问题，并及时组织学生进行线上讨论，这样可以调动学生的积极思考和集思广益的能力。此外，教师还需及时归纳学生在学习过程中遇到的重要且难以掌握的问题，并在课堂上集中讲解。该体系融合了线上和线下学习的管理方式，可以实现师生之间的实时互动，从而提高学习效率。通过学生和大数据反馈的信息，教师可以改进教学策略。自主化教育鼓励学生充分发挥主体作用，通过互联网数据反馈的功能促进自我管理能力的提升，并塑造正确的学习态度和良好的学习习惯。同时，学习小组的建立可以实现相互督促和鼓励。个性化教育强调针对不同需求和学生的不同级别采用定制化的管理模式，注重在教学过程中关注学生的个体差异。通过大数据收集和分析每个学生的学习轨迹，教师可以为需要帮助的学生提供个性化的指导。

（五）动态化评估模式

在混合式英语学习中，主要还是在互联网的基础上开始的教学和学习，因此，在这个过程中会产生很多数据，这些数据可以清晰地反映学生的真实学习情况，并且教师通过对这些数据的分析，可以掌握学生的学习效果，从而对学生在学习中出现的一些问题进行收集，然后将收集起来的数据用作评价的材料。在对学生的学习效果进行分析的过程中，需要进行全面的评价。尤其是在智慧教学中，计算机上有很多学生的数据，这些数据可以作为评价的参考，从而对学生作出客观、科学的评估。

在翻译教学中，智慧教学方法的使用对教学过程有系统的支撑。因此，在评价英语翻译教学时应该特别关注大学英语个性化教学的各个方面，包括设定教学目标、安排教学内容、选择适当的教学方法和进行教学管理等。学生在教学活动中的表现、思维品质以及师生关系的变化等因素，对于教学效果的个性化、系统化、自主化具有决定性的影响。因此，在进行智慧教学评价时，应强调过程导向的原则。除了对结果进行评价，我们还应该注重对混合式学习过程进行评估，以确保学生学习评价的有效性和可靠性。这样才能从根本上实现智慧教学的目标。

第五章　跨文化语境下高校英语翻译教学创新

本章的内容是高校英语翻译教学模式创新，主要从三个方面进行了论述，依次是跨文化概述、跨文化语境下高校英语翻译教学创新路径、高校学生跨文化交际能力培养。

第一节　跨文化概述

一、跨文化交际界定

（一）跨文化交际的定义

如今全球化趋势加强，各国经济往来、文化交流越发密切，不同国家和民族的人民的合作与互动越来越频繁，因此产生了来自不同文化背景的个体或群体的交际，也就是跨文化交际。美国学者威廉·古狄昆斯特（W.Gudykunst）认为，主流文化内进行的交流与跨文化交流的差异在于，所涉及变量对交际活动的影响程度以及这些变量在交际过程中的相对重要性有所差异。如在跨文化交流中，民族中心主义是一个重要的影响因素，它会对交流产生很大的影响。然而，在同一主流文化内的不同群体之间的交际中，它的作用显然低于它在跨文化交际过程中的作用。具体来讲，跨文化交际是指不同文化背景的人们（即信息发出者和信息接收者）之间进行的思想、感情、信息等交流的过程。[①]

事实上，不同人的文化背景、社会环境、生活方式、受教育情况、风俗习惯、信仰、性别、年龄、政治思想、经济状况以及交友条件、兴趣爱好、性格等方面，

---

① 李婷 . 跨文化交际研究与高校英语教学创新探索 [M]. 北京：九州出版社，2019.

都存在着不同程度的差异。因此，在人与人交际时，说话人与听话人对信息的理解不可能达到 100% 的认同。从这个角度来讲，任何人与人之间的交际都叫跨文化交际。但是，在后一种跨文化交际中，交际双方对信息理解上的差异只是程度上的不同，而不是本质上的差别。

从上面给跨文化交际下的两个定义可以看出，跨文化交际中的说话人和听话人的文化背景，可能相距甚远，也可能相距很近，甚至基本相似。文化距离的范围可以广泛至跨国籍、跨民族、跨制度；也可以局限至同一主流文化内的不同年龄、性别、社会阶层、职业、教育背景、地区乃至不同的个性、兴趣或爱好的个体之间。若将上述交际都视为跨文化交际，那么跨文化交际可以分为跨民族交际、跨种族交际，同一主流文化内不同群体之间的交际和国际的跨文化交际等。

（二）跨文化交际与情景的关系

不同的交际情境和场合会对文化因素产生影响，使其表现出多样化的个性化特征。随着社会的不断发展，人们面临着不断变化的交际环境、场合和情景，人们在交际中对各种文化身份和不同的文化作出了确认、建立、维持和加强，同时也了解和掌握了不同的交际文化。随着人的成长，逐渐在各种不同的社会情境下学习掌握了不同的交往规则，包括社交礼仪和文化信仰等。通过这样的社会化过程，人们逐渐了解和适应了不同的社会关系和角色关系。

在跨文化交际学习中，非定式文化的地位十分重要，要求我们对其进行重点学习。这是因为我们只有理解非定式文化，才能避免跨文化交际中因为文化定势导致偏见和误解。对交际中的社会背景、场合和情况等进行细致考虑，有助于人们的言行举止得体、恰当并且符合社会准则。人们的行为举止是否得体和适当并不仅仅取决于文化差异，还取决于不同场合和情景的因素。有些言行可能在某种文化的情境中很得体和合适，但在其他文化的情境中却可能不合适。这表明，在认真学习非定式文化的同时，我们也需要重视与社会环境、场合、情境相关的群体文化。

（三）跨文化交际的组成要素

第一，尊重对方、持有积极交际态度或正确动机的能力是至关重要的。进行有效的交际必须通过言语或者非言语的行为，例如目光、面部表情、身势语、语调等方式表达出对对方的尊重以及自己的友善态度、正确的动机，这样才能建立可靠的交际基础。

第二，具备用客观、中立、事实性语言回答问题而非评价性和判断性语言的能力。在交际中，我们应尽可能使用描述性语言来描述别人的言行，少使用评价性语言和判断性语言。我们不应该根据我们自己的文化标准，来评判他人的言行，否则会出现偏见和集体或民族中心主义。

第三，尽可能了解对方个性的能力。跨文化交际首先是自我交际，然后是人与人之间的交际，最后才是跨文化交际。这就是说，在交际过程中，交际者首先要将对方当作一个有个性的个体来考虑，了解其个体独特的交际风格。这就要求交际者对对方的个性要有极度的敏感性，并能正确理解其行为。其次，将这种交际放在同一主流文化内的人际交往层面上，考虑其共性。最后，将这种交往扩展到国际的跨文化交际中。这种不但考虑共性而且又考虑个性的做法，显然与只考虑国际文化差异的跨文化交际的做法有明显的区别：后者首先考虑交际的跨文化性质，而不是交际者的个性和同一主流文化内的共性。显然，这种最大限度地了解对方个性的研究，要求交际者不仅掌握不同文化的方方面面，而且还要对不同文化成员的个性和社会情景等因素有极其敏锐的洞察力。

第四，移情、共情的能力。这是指在交际中，能够认真倾听、理解并与对方产生共鸣，设身处地地在对方的角度思考和表达。在交流中，需要语言和非语言的行为来表示自己的移情，这样可以让对方知道自己已经深入理解他们的思想和感情。

第五，灵活机动地应对不同情景的能力。这种能力是一种角色行为能力。交际中的角色行为分：任务角色、关系角色、个人角色。任务角色是指能主动积极地展开思想、向对方征求对信息和事实的看法、圆满完成任务和正确评价对方意见的能力；关系角色是指与对方取得和谐一致、协调冲突、提出建议并为交际双方达成共识而进行妥协让步的能力；个人角色指能够拒绝别人的观点、引起别人的关注、控制别人、回避参加活动和具有展示个性的能力。

第六，基于对别人的需求和愿望的精确了解，进行轮流交谈的相互交往能力。在人与人的交往中，我们需与对方平等相处，能够应对不同情境下的交往需求，合理衡量对方的期望和意愿。

第七，具备应对新形势和模糊状况的沉着应变能力。交际者对新的或不十分清楚的情景能表现出高度的宽容并很快适应，不会表现出厌倦和畏难情绪。

第八，不少学者从不同的角度还提出了其他要素。如博希纳和凯利提出"自我展示"理论，他们认为，要达到有效交际，交际者必须把自己展示给对方，特别是把别人不知道的有关个人的情况展示给对方。斯皮伯格和库帕克提出"自我意识"理论，其主张交际者应能自觉地做到自我监察，否则就不能很快适应新环境。维曼提出了"社会放松"理论，认为交际者应尽量减少心理焦虑状态。他指出，任何人在跨文化交际的最初阶段，都会不同程度地具有某种焦虑感，交际者必须具有克服焦虑的基本能力；马丁等人提出"行为变通能力"，他们认为交际者必须在不同交际场合和情景中做到不拘一格、灵活机动的变通行为，以适应各种不同的交际场合。交际者必须能够以变应变，对不同人和不同情景，采取不同的交际方略。

此外，交际者在陌生的文化环境中，还应具备遵循会话原则、礼貌原则和在语言不通情况下的策略能力。

（四）跨文化交际模式

有学者认为，在跨文化交际中会产生四种方式：群体或民族中心式，控制式，辩证式，对话式。[①]

1. 群体或民族中心型交际模式

在这一交际模式中，一方会以自己的文化为基准来对待交往另一方，忽视了对方所拥有的独特个性和文化特点。

2. 控制型交际模式

在控制型交际模式中，交际的对方 B 处在交际者 A 的监控之中，B 是 A 的操纵和控制对象，或者 B 纯粹被当作某种物品，它的自身文化与个性没有得到承认和接受。A 随心所欲地操纵和控制 B，从而达到自己的目的。

3. 辩证型交际模式

辩证型交际模式存在三种不同的交际结果。第一种是双方的命题对应，结果产生了包括 A 文化和 B 文化的完全独特的综合文化 C。这时 A 与 B 之间的文化

---

① 鲁静. 思维创新在高校英语教学中的应用 [M]. 长春：吉林人民出版社，2020.

差异完全消失，二者完全融为一体变成为 C，二者之间不存在什么矛盾，完全可以和平共处。这是将双方的文化融为一体，是超越了双方理想的辩证统一体。第二种是 A 丧失了自身的特质，被融入了 B 的文化中。此乃源于 A 对 B 的过度信任和依赖，或者是出于 A 对 B 的无私奉献。第三种是 A 操纵或把自己的文化强加于 B，使 B 完全改变自己而成为 A 的一部分。

4. 对话型交际模式

对话型交际模式与上面三种模式有着本质不同：交际双方（A 和 B）既彼此相互独立，又相互依存。双方的共性与各自的个性都彼此承认，而且受到同样的尊重。尤其是彼此之间的相互性、整体性和彼此结合的动态性，即使在双方融合时，也都保存各自的个性。

在跨文化交际中，群体或民族中心型、控制型和辩证型都应该设法避免。因为，在民族中心型交际中，有一种文化被忽视；在控制型交际中，其中一方操纵并控制另一方；在辩证型交际中，虽然不同文化被融为一体，但这不符合交际实际。所以，只有对话型交际模式最切实可行，也是最理想的交际模式。用这种模式进行交际，交际双方中任何一方的文化都不会被忽视。双方相互尊重、相互肯定对方的文化及彼此的个性特点。

对话模式建立的基础是：交流双方立足自己的角度之上，进行互动和交流。交际的重心并不掌握在任何一方手中，而是在动态的对话式交往的过程中。这是一种彼此依存、彼此合作并不断创新的过程。站在各自的角度看问题，并不意味着自说自话，而是需要互相交流沟通。互相沟通并不表示双方位于一个绝对的折中位置，也不意味着双方完全放弃各自的文化，或只是简单地形成一个单一不变的统一体。相反，双方之间存在着一种具有动态性和张力的相互作用关系，在这种关系中双方都持有积极主动的态度，有着创造性的能动作用。在这种交际模式中，双方不仅相互肯定彼此的存在，而且十分关注彼此之间的差异，积极地进行沟通。如同在东西方文化交流中，两方代表着不同的精神和文化，这两种不同的互补方面彰显着人类经验的丰富性。在交际中，双方就像大脑的两个半球一样，相互关联、相互影响，拥有各自独立存在的特点，同时也有沟通交流的方式。

二、跨文化交际学的界定

（一）跨文化交际学的定义

"跨文化交际学"也叫作"跨文化交际研究"，在英文中的表达是 intercultural communication 或 cross-cultural communication，部分情况下也被表达为 transcultural communication。跨文化交际是一种常见的交际行为，只不过有时我们未意识到它的存在。跨文化交际体现在生活中，包括国家领袖之间的谈判，进出口公司的工作人员与来自不同文化背景的外国公司进行商务谈判，学生与外教交往等，这些是两个人或不同人群间的交往。有些跨文化交际也体现于没有与外国人直接交往的行为中，而体现于一种体验外国文化的过程，包括读外国小说、看外国电影电视节目。由于读者和作家、观众和导演、演员之间存在着不同的文化背景，因此，要读懂、看懂外国小说、电影、电视等作品在跨文化交际中是一个相当复杂的过程。

跨文化交际学致力于研究在不同文化背景下交流所可能产生的矛盾、问题等，并探究如何提升跨文化交际能力的学科。跨文化交际学是一门国际性的新兴学科，仅有近 60 年的发展历程。Edward T.Hall 的《无声的语言》被学术界奉为跨文化研究的开创之作。跨文化交际学是一门历史相对较短的学科。然而，这种现象与人类历史同样悠久。

L.S.Harms（哈姆斯）指出，在世界范围内的交际主要分为五个阶段：语言的产生、文字的使用、印刷技术的发明、近百年交通工具的进步和通信手段的迅速发展。他还表示，近 20 年来的交际最突出的特征就是跨文化。跨文化交际十分重要，这种重要性接近于语言产生的重要性。

如今，跨文化交流研究备受人们关注的原因在于，该领域的研究能够协助人们超越本土文化的限制，增进对其他民族文化的认知和理解。人类早期在地理环境的限制下，往往无法全面地了解彼此，这在文化交流中存在许多障碍和误解，因此常常发生冲突。在当代社会，人们普遍认识到这一点，伴随世界日益开放、国际交流更加频繁，跨文化交际学应运而生，不断发展，其重要性也越发突显。在跨文化交际学形成之前和刚刚形成之时，已经有不少学者从语言学、人类学、社会学、传播学以及心理学等不同学科的角度分析了这种现象，提出了避免文化和文明冲突的观点，这促进了现代跨文化交际学理论基础的形成和发展。如今，人类学、社会学、心理学以及语言学等学科，都深入研究了跨文化交际过程中存在的文化差异现象，并进行了详细的分析和总结。跨文化交际学是一门涉及人类大规模交往的新兴科学，对多个学科关于文化冲突的研究成果作出了综合分析，基于此构建了本学科的理论基础，阐释跨文化交际的本质和内涵。跨文化交际学专注于研究文化和交际的定义、特征以及它们之间的相互关系，同时侧重于探讨各种文化因素及其对跨文化交际的干扰，以期促进有效的文化交流。跨文化交际研究包含语言和非语言交际、交际手段、思维方式、价值观念和认知行为等多个要素，这些要素对于实现有效的跨文化交流非常必要。因为不同国家、地区和民族的人们在上述方面存在着各种文化差异，所以很容易出现彼此之间沟通困难、合作受挫、交际失败等情况。若想成功地进行跨文化交际，需要找出交际失败的起因并制定解决方案，然后进行跨文化交际技能的训练才能够实现。

（二）跨文化交际学的性质

跨文化交际学是一门涉及多个学科的边缘学科，因为文化在广义的层面上无处不在，无所不包。跨文化交际学成为一门相对独立的学科，得益于它在吸收其他学科的研究成果的同时，突出了自己的研究重点，即研究不同文化背景的人们在交际过程中的表现、出现的原因以及如何避免出现不良后果。这要从两个角度来讨论：第一，跨文化交际学不是将某个族群的文化放置于孤立的情境中进行研究。相反，它专门研究不同文化之间的接触、冲突、渗透和有效沟通的方法和策略。简言之，通过关注"文化"与"交际"，可以清晰地了解跨文化交际学的学科本质。借助文化研究，特别是比较文化研究，我们可以看到人们交际行为的多样性，以及在同一文化圈内交际行为的相对一致性，并对此作出解释。第二，文化是一种抽象的概念，是一种隐性的存在，在对一个特定群体的文化特征进行分析和展示时，最好的办法就是描述和分析其交际行为和生活方式。人们的交际行为和文化背景是相互影响的，文化背景会塑造交际行为，而交际行为也会反映出的文化背景。所以，可以说跨文化交际学是一门研究文化和交际的关系的学科。跨文化交际学的研究旨在解决跨文化交际中的不同文化间的矛盾与问题，可以说它主要是一个应用学科。

（三）跨文化交际学的研究内容

我们可以从跨文化交际学的研究领域和时空范围入手，具体探讨其研究内容。跨文化交际学主要研究人类在不同文化背景下的交际的各个方面。立足于交际行为的类型，其包括言语交际以及非言语交际两部分。立足于人类活动范围，可以研究不同文化中的家庭成员关系、师生关系、雇主与雇员的关系、顾客与店主的关系，以及不同关系类型的人之间的相处方式，无论是亲密的熟人还是陌生人都在研究范围之内。立足于交际语用规则，可以特别比较不同文化在称呼、问候、感谢、道歉、表扬、请求、告别等方面的异同。

立足于研究时间，考虑到跨文化交际学的实践性，其研究时间重点应放在现代交际上。跨文化交流学的主要是为了增强现代人在跨文化交际中的能力，因此通常不涉及已经消亡的历史文化现象。在现代社会中，中国封建时期女子缠足、臣子向天子下跪等早已不再存在，因此这些事物无法作为跨文化交际研究的重点对象。但是不可忽视的是，当研究现代交际过程时，跨文化交际学需要回顾历史来揭示文化差异的根源和发展。追溯的主要是为了更加清晰和准确地说明现代问题，因此应该先关注当前的问题，随后再进行历史考察来深入探讨这些问题。

立足于研究空间，跨文化交际学研究的是不同国家的文化及其交际行为习惯。然而，在实际的研究中，因为研究者的背景、人生经历和目的上存在差异，有些研究着眼于多国文化，以便探索跨文化交际的普遍规律。有些研究为了更好地实现具体的跨文化交流的目的，会有意选择两个具体的国家、民族或群体进行比较。前一种就是一般文化培训，在美国常称之为"culture-general training"。相较而言，后一种更贴近于针对美国的 culture-specific training（特定文化培训）。

跨文化交际学所关注的核心就是"3W"，即 What（是什么）、Why（为什么）及 How（该如何）。What 是指来自不同文化背景的人在交际行为上存在哪些差异。Why 是指为什么会有这些差异。How 是指面对这些差异、该如何沟通信息，达到成功的跨文化交际。

（四）跨文化交际学的研究意义

1.发现差异

跨文化交际学的研究材料非常丰富，存在于全球范围内人类历史的漫长沉淀和多元文化的繁荣发展之中。文化的多元性是普遍存在的，一种文化中被视为常识的事物，在另一种文化中则有可能被认为是离奇古怪的。尽管某些概念在多种文化中都被认同，但是在不同的个体看来其具有不同的内涵。交际的双方来自不同的文化背景，在没有了解彼此文化差异的情况下，交流和理解可能会面临很大的困难和障碍。通过对跨文化交际的研究，可以比较不同文化和生活背景的人的文化特征之间的异同，并将这些差异传递给人们，以提高人们跨越文化交际的能力。

2. 认识差异

只有在发现差异的前提下，才能够建立对差异的认识。人们来自不同的文化背景，导致了他们对彼此的社会生活方式和文化习俗完全陌生，他们想象不到对方生活在完全不同的自然环境中，还全然不知对方的宗教信仰、禁忌、价值观等深层次文化结构。在这种情况下，人们很难进行交流和沟通，甚至可能会完全无法进行，即使跨文化交际研究已经表明了确实存在着这些文化差异，但在不同文化的人互相交往时，仍然可能感到很难处理好这些复杂的文化现象。因此，在跨文化交际中，不仅需要发现文化差异，还需要加深对这些差异的了解和认识，不仅要了解差异是什么，更要理解其产生的原因。只有这样，在交流中遇到差异时，人们才能够应对自如，不感到困惑和无所适从。通过跨文化交际研究，我们可以使人们以积极理解的态度去尊重不同文化之间的差异，从而避免沟通障碍和不必要的冲突。

3. 超越差异

在实践层面上，跨文化交际研究的意义远高于理论层面。研究跨文化交际不仅可以揭示和了解其他文化的特征，还可以增进我们对自己文化的理解，从客观的角度掌握双方文化特征。然而，跨文化交际并不是只有差异。除了发现差异外，跨文化交际研究还意在提醒人们认识到大量的共性。在跨文化交际研究中，我们既需要注意到差异之处，也需要强调共同点。不仅需要察觉、认识、理解差异的存在，还必须超越差异。因此，跨文化交际研究的重要任务是使跨文化交际者在跨文化交流中具备认知、情感和行为等多方面的适应能力。只有拥有这些能力的人才能够在跨文化交流中适应并处理文化差异。他们可以在必要时灵活改变自己的文化习俗惯例，去适应其他文化的习俗和规矩，同时还能够针对文化交流双方之间的差异给出创造性的解决方法。

三、英语翻译中的跨文化交际因素

作为翻译工作者，在其具体的翻译实践中，首先就应对翻译所涉及的两种语言有足够的理解和把握，而要想更好地掌握和认识语言，深入了解两种语言所涉及的社会文化也非常关键。翻译工作者除了对两种语言相关的文化形成充分的了解之外，还需要增强对这两种不同文化的比较分析能力。对比并强调两种不同文化之间的区别，对翻译具有重大的影响和意义。

（一）跨文化交际与英语翻译的关系

语言交际在不同文化中都是以自身默契来进行解码或编码的，但东西方跨文化交际是从不同的视角去审视不同的世界观、人生观与价值观，从而建立东西方的跨文化共识，最终促进东西方文化之间的沟通。下面就从跨文化交际学视角审视文化翻译：

1. 从跨文化交际角度分析英语翻译的现存障碍

如前所述，翻译并不是单纯的语言知识转换，其必然涉及文化因素，这在文化翻译中体现得尤为明显。英汉两种语言在表达时往往折射出不同的文化差异，因此在进行文化翻译时，译者需要从具体语境出发，对翻译材料的文化因素进行分析与调整，从而不仅能够将源语文本的文化色彩展示出来，还能够让译入语读者理解和接受。一般来说，在跨文化交际学视角下，文化翻译中的障碍主要有如下几点：

（1）词汇层面的障碍

随着文化的不断演进，语言也在不断形成与发展，不同国家、民族、地区的人们，由于其具有不同的语言心理、生活习俗、文化观念、思维方式等，他们对同一物质世界、物质现象的概念与划分也会有所不同。这种差异性在词汇层面体现得比较明显，具体表现为两点：一是语义场的空缺，二是对应词汇内涵的差异。

①语义场的空缺。虽然英汉两种语言都反映了客观世界，但是在对其进行描述时，不同的民族的表达方法也不同。这就导致语义场词汇空缺的情况。简单来说，词汇语义场空缺是指在英语中具有的词汇在汉语中找不到对应的表达，反之亦然。

例如，地理环境的差异对词语构成产生了重要影响。由于英国是一个岛国，因此英国人对于"船"是非常熟悉的，英语中关于"船"的表达有很多，如 ship、boat、catboat、ketch 等，但是这些词语在汉语中并未找到合适的对应，因为中国是一个内陆国家，中英在地理环境上存在差异，所以导致了词汇构成的差异。

②词汇内涵的差异。由于中西方在价值观念、文化等层面的差异，英汉两个民族在表达同一概念时会产生不同的联想义，这就是词汇内涵的差异。例如，英汉语中都有"家庭""个人主义"这些概念性词语，但是它们在语义层面上存在较大差异。以 individualism 为例来说明，其在汉语中往往被翻译成"个人主义"，但是在中国人的眼中，"个人主义"是一个贬义词，即一切从个人利益出发，将个人利益置于集体利益之上。而在英语文化中，individualism 并不是一个贬义词，被西方人认为是一种崇高的品质，表达的是个体实现自我价值的理念。

（2）语法层面的障碍

受自身文化的制约和影响，英汉两个民族的思维方式有所不同，因此他们对同一思想所审视的角度、所表达的方法都不一样。例如，否定在英汉两种语言中都比较常见，但是在表达上存在较大差异。英语中的否定结构比较复杂，有些从句子形式上看是否定句，但是从内容上分析则为肯定句，反之亦然。因此，在对其进行翻译时，切忌望文生义，必须对句子的形式和内容多加揣摩，才能把握句子的正确意义，然后再从汉语读者的表达习惯出发来翻译。

（3）语用层面的障碍

语用意义往往文化性较强，文化不同其具有的社会交往习俗也存在明显差异，这些习俗的差异对文化翻译造成的影响是显而易见的。例如，英汉两种语言在问候用语、电话用语、称呼用语上就存在较大不同。可见，译者需要了解语用层面的文化差异，这样才能保证文化翻译的顺利开展。

（4）文化语境层面的障碍

语言是人类开展交际的工具和手段，但是只有将语言置于合适的语境中，才能实现语言的交际功能。语境往往承载着一定的文化意义，如果脱离了具体的语境，那么人们就很难理解对方所说的话，也很难展开准确的翻译。因此，文化语境对于文化翻译起着制约作用。

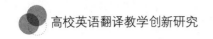

2. 从跨文化交际角度分析英语翻译的研究实践

随着跨文化交际学的兴起，很多学者指出，翻译是一种跨语言、跨文化的交际活动，译者仅仅掌握两种语言的语音、语法、词汇等基础知识以及听、说、读、写、译能力，显然已经不能保证译者灵活、深入地表达思想，译者还需要对源语与译入语的文化有所熟悉，具备一定的跨文化交际能力，使译文实现与源语相似的文化功能。

如前所述，各民族文化在对社会现象的洞察上存在着文化差异，而这种文化差异正好影响了跨文化交际的顺利进行。在跨文化交际学研究中，参与交际的各方不仅要熟悉本民族的语言与文化，还需要熟悉对方民族的语言与文化，只有这样才能听懂对方的意思。而要熟悉对方的语言与文化，就是要将自己的意思传达给对方，又不至于造成对方的误解或者伤害对方。

在跨文化交际学研究中，文化差异是影响跨文化交际的一项重大障碍，为了达到跨文化交际的目的，很多时候译者需要淡化自己的文化。简单来说，译者要尽量避免使用民族色彩强烈的词汇，如果对方或读者没有弄清自己的意义，译者有必要进行改写或者增加注释。

可见，译者是处于两种语言与文化之间的，因此应充当好桥梁的作用。

跨文化交际学研究为文化翻译确定了翻译标准，文化翻译的标准要求具有动态性和可操作性，其目的是实现跨文化交际。跨文化交际学为从跨文化视角审视特定文本所处的语境、展现的语言特点提供了特定的方法。

跨文化交际学的理论和研究方法赋予文化翻译的作用主要体现在如下几点：

①利于客观认知文本、语篇生成与传播的微观和宏观语境。

②利于确切了解信息接收者的整体特点与个性特点。

③利于确定翻译文本、语篇中"符码"所蕴含的文化信息。

④利于确定翻译标准是否适度，翻译技巧是否合理，翻译质量是否优质，翻译效果是否具有实际效果。

（二）跨文化英语翻译的阐释学视角

虽然当前从阐释学角度审视翻译已经取得了一定的成果，并且促使众多学者对翻译活动展开了整体反思，但是现如今跨文化翻译仍旧存在一些问题，因此作者对跨文化翻译中的一些因素进行分析，并澄清阐释学与跨文化翻译之间的关系，重新从阐释学角度审视跨文化翻译。但是在这之前，我们需要正视三大问题：

第一，译者需要作为阐释者的身份来面对源语文本，但是由于译者属于不同的语言与文化，这就要求他们必须跨越语言与文化的障碍来求取与源语作者的"视域融合"。能否实现这种融合？换句话说，我们应该怎样审视和应对翻译过程中的理解和理解的历史性？

第二，在进行跨文化翻译时，翻译者不再依赖于"科学 + 逻辑"这种结构主义范式，不再强调翻译中对绝对的意义与形式上的过分对等的追求，也不再把翻译看成译者突然的灵感。因此，我们能否从哲学阐释学的理解以及理解的历史性中挖掘出跨文化翻译的新思路。

第三，在跨文化翻译活动中，直译还是意译、异化还是归化的争论问题从未停止。如果按照哲学阐释学的观点，理解和理解对象都是历史性的存在，并且文本具有开放性。因此，文本的意义是无法穷尽的，所以其意义和理解也是处于动态变化之中的。如果承认这一论断的合理性，那么是否意味着翻译的标准也会不断发生变化。基于此，作者展开如下探讨。

1. 对源语文本与翻译者关系的再认识

传统的翻译学理论很少对源语文本与译者的关系问题展开探讨，即使有提及，也仅限于译者对源语文本语言、文字的解读上。因此，我们有必要从阐释学的角度重新审视源语文本与译者的关系，便于之后更好地对翻译的第一阶段——解读阶段有一个深层次的认识。

在《真理与方法》中，对于阐释者与源语文本的关系，伽达默尔提出了一个观点，"所有的翻译者都是阐释者，外语的翻译情况表达了一种更为严重的阐释学困难，既需要面对陌生性，还需要克服这种陌生性。所谓陌生性，其实就是阐释学必须处理的'对象'。译者的再创造任务同一切文本提出的一般阐释学任务在本质上并没有什么区别，只是在程度上存在差异。"因而，在跨文化翻译的过程中，译者需要先将自己视为一个阐释者，去直面源语文本中的语言和文化的陌生性，真正参与到陌生的意义范围中，然后对译文进行理解和翻译。

面对这种跨语言、跨文化的陌生性，译者如何进入源语文本文化的意义域中呢？如果译者的大脑一片空白，要想理解是不可能的，他们必须了解自身文化与译语文化的异同点，带着自身的理解背景因素跨越到源语文本的异域文化因素中，求同存异地实现与源语文本作者的"视域融合"。但是，这种"融合"是相对意义上的"融合"，要想完全消除误译或者误读是不可能的，而这里所说的"融合"只是在译者自身的理解能力范围内，达到与源语文本意义域的一种动态历史对应。

2. 对跨文化翻译解读过程的再思考

由于翻译本质上跨越了不同的文化，译者必将面临两种文化的交错和矛盾。在进行跨文化翻译时，译者需要先解读原文所涵盖文化差异的内容。这个过程非常关键，从阐释学的角度来看更能体现其重要性。上述已经提到，当进行跨文化翻译时，不能简单地将语言和文化进行互换，因为，两者之间不存在透明互译，跨文化翻译的过程实际上要求翻译人员不断地与原文作者的视角进行碰撞，基于此实现融合。在翻译过程中，需要时刻注意以下几个问题：

第一，要实现真正的跨文化理解，不应仅仅依赖于语言层面上的沟通。就阐释学而言，单单理解一门语言并不能算是真正理解它，因为这并不牵涉到任何解释的过程。我们将之表述为理解一门语言，是因为我们生活在这一语言环境中。哲学阐释学关注的并非语言的正确运用，而是如何合理理解语言媒介中所发生的事情。换而言之，语言的掌握是必要的，但文化的理解也是必要的，只有理解了文化才能够理解语言的深层含义。跨文化翻译可以被看作一个对话过程，既包括对源语文本的探索，也涉及译者与自己的对话。只有通过这种对话形式，译者才能够将自己所掌握的文化知识与源语文本的文化内涵紧密联系起来。

第二，当代诠释学所说的理解与传统诠释学并不相同，即当代的诠释学并没有要求抛弃诠释者自己的视域，将自己置身于源语作者的视域中。译者在进行跨文化翻译时，对源语文本的解读是在生存论意义上的跨文化。译者理解的基础并不是将自己置于源语作者的思想中，或者是让自己参与到源语作者的创作活动中，而是要将所要理解的意义置于源语文本反映出来的语境中。当然，这并不是说翻译者可以任意对源语文本所指的意义进行扭曲，而是应该保持这种意义，并让这种意义在新的语言世界中以一种新的方式发生作用。

第三，在跨文化翻译中，译者应该从阐释学的角度将跨文化翻译的每次解读视为一种意义的生成过程。从历史意义上说，这一过程无穷无尽。

即使源语文本的意思可以被准确理解并用译入语进行复述，但是这种复述并不是对源语文本的严格的复述，因为它没有被限制在最初的语言和文化背景中。理解跨文化阅读不是简单地重复过去的东西，而是在当下的视角下参与其中，融入了跨文化译者的视野。

3. 对跨文化翻译步骤与标准的反思

在阐释学看来，跨文化翻译活动主要分为四步：信赖—入侵—吸收—补偿。

（1）信赖

译者要存在一个视野，其可以涵盖与源语文本相关的所有信息，如原作作者的信息、原作写作时期的信息等，这肯定和体现了以往的认知行为。当译者遇到某一文本时，无论译者是否主动，文本都进入了译者预设好的视野之中。如果译者能够听懂或者相信文本所说，那么说明译者对文本产生了信赖，也说明译者对文本产生了兴趣，希望从中获取自己想要的东西。

信赖从某种意义上说是对原作的信任，但是这种信任是最初的，当译者渐渐认识文本之后，就可能会面对来自源语文本的抵抗，这就给翻译造成了极大困难。这种来自源语文本的抵抗就导致跨文化翻译的阐释过程的第二步——入侵。

（2）入侵

这一词语本身具有"暴力"的含义，然而，在海德格尔眼中，当译者将存在意义转换成理解意义，必然会产生暴力入侵。因为不同文化背景下的差异会给译者设置多重关卡，译者只有冲破跨语言、跨文化的关卡，才能翻译出自己想要的东西。

（3）吸收

入侵的目的是获得，从源语文本中抢到的东西，经过消化，贴上译者的标签，进而才能被译者得心应手地使用。这就是吸收的过程。

（4）补偿

当经历了信赖、入侵、吸收之后，译者不可能对源语作品进行原原本本的复制，可能是因为对源语作品抢夺得太少，或者是因为源语作品在吸收和组装过程中发生了变形，因此为了维持平衡，就必然需要补偿。这样译者除了对源语的潜力进行调动外，还得到了源语作品未表现出来的价值。

分析了阐释学视角下跨文化翻译的步骤，下面就来反思一下阐释学视角下跨文化翻译的标准。今天，翻译标准的设定或者取舍都是建立在源语文本与译语文本之间的意义和形式上展开的，就是前面说的直译与意译、异化与归化的争论。但是，人们很少从阐释学的角度对传统翻译学标准进行反思和转化。

阐释学认为，译者对原文的理解是历史性的，对原文的理解和翻译会存在一定的合法偏见。跨文化理解与翻译是一个充满开放性的动态过程，这样翻译标准的设定首先需要依赖于对源语文本的理解与解释标准的设定。但是，翻译并不能仅仅停留在理解层面，最终产生译作才是其目的。就目前来说，理想范本是不存在的，因为针对原作产生的译本会不断提升，因此跨文化翻译的标准也会不断发生改变，很难确定最终的标准，只能说最终的标准是一种动态的、不断演进的相对标准。

（三）跨文化交际在英语翻译中的意义

1. 文化意义

跨文化翻译的核心是对文化信息的文化意义进行翻译和传递。其出发点和归宿都是意义。所谓的文化意义分为两个层面，分别是宏观文化意义和微观文化意义。前者是指全部的文化信息，包括语法意义在内。后者指的是语言的词汇、短语、句子、段落以及文化思维等方面。在进行翻译工作时，对于源语文本两个层面的文化意义都要关注，其中宏观文化意义反映的是语言的异质性。

（1）宏观文化意义

人类语言不仅存在同质性，也存在着异质性。跨文化翻译的重点在于研究因为不同的文化差异所表达出来的异质性。语法和词汇是用来传递意义的工具。在语法方面，宏观文化意义涉及以下问题：

①主语和主题。汉语主题语强调主题性，施事性比较少见。如：A. 海水不可斗量；B. 三个月不到赚了 1000 元。

上述两个例句，"水"和"三个月"都没有实施动作，也就是"量"和"赚"，而是引出主题；动词前面的成分并不是真正的主语，而真正的主语可能在动词后面或者隐含不出现。英语是 SV（主谓结构）语言，上述例句翻译为：A.The sea cannot be measured with a bushel.（SVA）/Sea water is immeasurable.（SVC）B.1000 yuan is earned within three months.（SVA）

②汉语中虚词的文化功能。汉语的异质性标志之一是其虚词的丰富性。在《离骚》这部作品中，除了最常见的"兮"之外，还有许多其他的虚词，如"之、以、于、夫、与、其、而、乎、此"等。

（2）微观文化意义

微观文化意义的研究集中在单词、词组、句子和段落等语言层面，而不是关注语法意义，这也是本节的重点研究内容。语言的微观文化意义可以通过四种方式来表达，分别是象形、映射、折射、暗示。

①象形。象形是一个单词形成文化意义的基本方式，它能够直接形象地描述该单词所指代实体。中国的象形文字就是这种表达方式，例如，通过古文字"刀""弓""血""鼎"等字形，能够联想到对应实物的形态。然而在当今汉语和英语中，这种表达文化内涵的方式已经不太常见了。

②映射。映射指的是语言的不同层面间接反映出不同地域、人种、阶层、职业等方面的文化特征，从而呈现出文化色彩。映射能够使文化对语言的发音、词汇、语法等方面产生影响，使其表现出鲜明的文化特征。

③折射。在折射的表达方式中，语言的文化背景与其真实意义之间的间隔变得更大了，不少短语已无法简单依靠字面意义来解释，需要运用推理、延伸、演绎等技巧。在单词 Paddy wagon 中，Paddy 来自爱尔兰名字 Pad rick，许多在美国生活的爱尔兰后裔在警察系统工作，因此 Paddy wagon 的微观文化意义为"囚车"。

除了英语以外，在中文中也有很多俚语、习语和成语，是借助折射的方式表达微观文化含义的。

④暗示。暗示这一表达方式所传达出的文化意义是最为间接和隐晦的，语言的真实含义和文化背景之间的距离也是最为遥远的。所以，词汇或短语的文化内涵常常与字面意义截然不同。

举例来说，英语中有很多说法表现出英格兰人对苏格兰人和爱尔兰人的鄙视、排斥和嘲笑等情感，not give a rap 就是其中之一。Rap 是一种古老的爱尔兰货币单位，它的面值仅相当于一便士钱的八分之一，因此被用来形容不具有任何价值或者不值一提的事物。因此，这个短语应当被解释为"毫不在意"。再比如说 ballyhoo，其起源可以追溯到爱尔兰科克郡的一个小村庄的名字。当地居民经常酗酒狂欢，因此 ballyhoo 通常用来指责那些撒谎者或者吹牛者，译为"鬼话连篇"或"自吹自擂"。若是没有了解这些词汇的历史背景，我们就难以对其文化含义作出正确的理解和翻译。

2. 在文学作品翻译中的人际意义

优秀的文学作品通过翻译在全世界广泛流传，因此，文学作品的翻译也就承载着实现作者和目的语读者之间的跨文化交际的重任。从功能语言学的一个重要的概念——人际意义的角度考察文学翻译作品，可以发现人际意义的成功传译对译文的质量起着决定性的作用。系统功能语言学的进步之下，人际意义的理论框架得到了持续的改进和完善，人们了解到许多实现人际意义的形式。以系统功能语言学的人际理论为基础，在语气、情态、评价和称谓语四个层面中对文学作品翻译人际意义的跨文化建构问题进行描述和解释，将对文学作品的翻译有所启示。

从功能语言学的角度看，语言是一种社会符号系统和意义系统，其纯理功能可归结为三大类：概念功能、人际功能以及语篇功能。在交流中，语言的意义分为了这三个方面，它们共同构成了语言交际的基础。韩礼德表示之所以建立功能语法，就是为了使语篇分析得到理论框架，其可以支持英语口头或书面语篇的分析，包括翻译作品在内。实际上，翻译是通过在译入语中建立连贯的语篇来表达源语篇的概念和人际意义，使之在译入语中现实化。尽管概念功能承载了文学作品的主要内容，但人际功能的有效翻译对译本的品质至关重要。因为文学作品中的人物塑造和复杂的人际关系都体现在其语言的人际功能中。

（1）人际意义概述

除了信息传递和表达概念外，语言还含有反映交际角色，表达讲话者身份、地位、态度、推理、评价和协商等人际意义。

Might I ask you if you could recommend a couple of nice books on taboo language？（我可以问你是否可以推荐几本关于禁忌语言的好书吗？）

很明显，上述例句表达的内容是，请求对方推荐几本关于禁忌语的书，这就是其概念意义。然而，Might I ask you，这个词组是请求和协商的表达，并非对客观事物进行描述；使用词语 could 并不代表说话者本身在推荐，而是表明说话者在判断和估计受话者"推荐"的可能性；使用词语 nice，传达说话人对禁忌语这类书的评价或看法，这涉及人际交往方面。此外，说话者运用了疑问句来传达人际含义，而非使用命令句或陈述句。这句话的概念意义和人际意义分析如下：

内容（概念意义）：You recommend books on taboo language.（你推荐一些关于禁忌语言的书。）

　　互动（人际意义）：Might I ask you if，could，nice？（我可以问你，可以，好吗？）

　　根据先前提到的内容，这句话的概念意义是询问对方能否推荐一些关于禁忌语的书籍，这句话也可以用其他不同的英文表达方式来表示。选择有着一定的意义，在各种语言的潜在表达中，说话者通常会选择一种表达方式，这种方式不仅要考虑到语篇的衔接，更重要的是要满足人际交往的需求。因而可以说，人际意义是所有意义中的一个极为关键的组成部分，在翻译时应尽可能表达，以便读者了解源语文本的语言风格和文化特点。

　　语气和情态是在韩礼德的功能语言学中具有实际意义的主要成分。在人际意义中，语气系统承担着小句作为交流的功能，使得语篇具有了对话性及针对命题的有效性，受话者可以表示自己接受或者提出异议。情态是指说话者对自己所说命题的有效性和实现可能性的评估。情态的不同级别反映了命题的不同意义。

　　在功能语言学发展之下，人际意义的理论框架也在更加完善，人们发现和探索许多方法，用来实现人际意义。这些方法包括但不限于语气、人称、态度、评论、词汇语域、时态和语调系统。当我们探讨人际意义时，不能仅限于作者和读者之间的关系，我们需要脱离小句的限制，也应关注作者话语中蕴含的多种声音以及读者与这些声音之间的关系。在文学翻译中，交际事件除了关系到作者、读者之外，还与译者和目的语读者的关系有关。因此，构建语篇人际立场时，可以采取的有效方法即为灵活地对显性的和隐性的评价作出安排，以便译文读者可以认同翻译者对文本的重新构建。小句的剩余部分是称谓语，其能够将讲话者与受话者的人际关系直接反映出来。

　　良好的翻译应该在不改变原文概念意义、人际意义和语篇意义的前提下进行。因为语言和文化的不同，译文也就无法完全准确地、一一对应地表达原文的全部含义。

　　（2）文学作品翻译中人际意义的传达

　　①语气系统与人际意义的跨文化建构。对于语气，功能语法将之视为人际意义的主要成分，在进文学作品翻译中非常重要。使用不同的语调可以传达不同的交流效果，具有差异化的交际功能，表达多样的人际意义。在人际交往中，语气一定

程度上扮演了"句法"的角色，能够促进交际双方的互动，说话者主动扮演了言语角色，也使听话者成为一个互补的角色，以选择语气的方式发挥小句的四个言语功能——提供、陈述、命令、提问。语气扮演了至关重要的作用，使得人们在交往中更加顺畅。表达陈述的句子通常为陈述句，疑问句则用于询问，祈使句则是用来表达命令的，"提供"可以用多种句式来表达，比如陈述句、疑问句或祈使句。选用不同的语气可以塑造特定的身份，由于文化背景的不同，语气的选择可能会发生变化。为了准确表达作者的原意，译者需要在翻译时可能改变原作的语气。

例1：你若不嫌少，就暂且先拿了去吧。

译文：Take this for the time being to make some cloth……

例2：天也晚了，也不虚留你们了，到家里该问好的问个好吧。

译文：Give your regards to everybody who ought to be remembered when you come back！

在进行翻译之前，译者需要确定原文所使用的语气类型。刘姥姥在初次拜见王熙凤时，发生了例1和例2中所描述的情景。在与刘姥姥交谈时，王熙凤的言谈温和，并且表现出热情的态度。但频繁使用语气词"吧"也很明显地表现出双方的身份差异。所以，霍克思在翻译时选择了祈使句，以强调双方人际互动中的不同地位，同时也体现了王熙凤命令和要求别人按其意愿办事的言语功能。若是只照搬原作的陈述语气，也就是直译，那么就无法表现凤姐冷漠和高傲的性格，也无法凸显她俯视刘姥姥的地位和权势。

②情态系统和人际意义的跨文化建构。对于人际意义而言，情态系统同样是其至关重要的组成部分，它传达了人们对某一命题的态度。情态系统是处于肯定和否定之间的意义范围，通过其高、中、低三个级别能够清晰地表达交际主体之间的人际关系。要表达情态，可以使用多种形式，例如情态动词 can，may，must，will，would，should 等，副词 certainly，probably，likely 等，形容词 certain，possible，probable 等及其名词化形式 certainty，possibility，probability 等。小句也可以表达情态，也就是所谓的"隐喻"。比如，像 I'm certain，I think，I'm sure，I suppose 等。这些词语和短语能够表达出说话者对信息的偏向和情感色彩，与断言、怀疑、担任责任、漠不关心以及其他与人际意义重要方面有关。

语气和情态分别是语法范畴和语义领域。适当运用情态和语气，既能反映说话者的态度，提升提议的商议性和说服力，同样也彰显了交流双方的身份和权势。

例4：你总应该知道如何对她讲。

译文1：I am sure you know how to put it to her.

译文2：You should always know how to put it to her.

这是戏剧《家》中克明对觉新说的一句话，尽管这句话直译也可以，然而译者却通过主观隐喻的方法突出了克明的直接命令的态度。主观隐喻一般是对个人主观观点进行掩饰，使成为客观肯定性和必要性的表达方式，以强调高值概率或义务。尽管两重翻译所表现出的情态值相比源语文本是对等的，但是译文2中只是反映了"觉新"作为晚辈的义务，没有准确传达出克明作为长辈的中肯意见。可以看出，我们必须结合实际语境来评估情态意义。

③评价系统和人际意义的跨文化建构。根据评价理论的观点，从语义出发，评价性资源划分为态度、参与和分级。核心系统是态度，它由情感、判定和鉴别组成；情感能够显著地表现说话者对事物态度；判定是将社会的道德准则和规范作为标准对人的行为进行评价，进而形成肯定或者否定的判断结果；鉴别是将社会价值作为中心的，将社会惯例作为依据对物体、产品和过程进行评价，并且根据特定领域内的评价模式和标准来进行。

张美芳深入研究发现，语言的评价意义与译者的价值取向紧密相连。她整体性地探讨了以下内容：原作者和译者的评价标准是否基本相同，以及在翻译时译者对原著的评价意义需作出增加抑或删减。为了对文学作品的评价意义进行良好再现，并完成人际意义的跨文化建构，译者需要加入或修改原作的评价资源。

第二节　跨文化语境下高校英语翻译教学创新路径

一、跨文化语境下英语翻译中的同化和异化方法

（一）英语翻译中的同化方法

在翻译英语时，可以使用"同化"的翻译方法，这主要是考虑到不同文化之间的相通性。从文化角度出发，优先考虑读者的需求，准确把握源语信息的意图，

使读者能够阅读到精准、正确的翻译作品。译文的本质是最贴合、接近原文的内容。在翻译时，需要遵从"动态对等"原则，既确保功能性一致性，这就要求译文在表达方式上契合于自然，而且需要考虑读者文化差异，对源语行为进行表述。通常而言，立足于语言结构或者表达技巧，描述具体生活现象的词语具有共性，能够在差异化的文化间对等转换。

例如，"Better late than never."直接翻译为"迟做总比不做更好"，这与"亡羊补牢"的意思相同；"It rains cats and dogs."直译为"现在正在下着大雨"，可以形容"大雨滂沱"。

同时，部分英语表达方式能够直译成中文，或者翻译为中文成语，在中译英的过程中也是如此，可以按照同化原则。例如，熟能生巧可翻译为"Practice makes perfect."等。

显然，英语翻译需要按照同化的原则，一方面要使译文和原文在表达习惯上是一致的，另一方面不能丢失原文特有的文化氛围，且符合译入语的文化习俗规范，以便实现更准确地翻译。使用具备特定文化色彩的语言进行翻译表达，可以对原文表达得更为生动和精准。如若不然，译者对原文的深层含义没有真正理解，并且对文化背景也不熟悉。这样翻译出来的译文很容易令人贻笑大方。

例如，cross/pass the Rubicon，如果直接翻译成"交叉 / 穿过卢比孔河"，显然会使读者难以理解其中含义。如果用 break the caldrons and sink the boats 来代替，翻译为"破釜沉舟"，既能精确表达意思，又便于理解，读起来也朗朗上口。

（二）英语翻译中的异化方法

各国家和民族文化差异的形成原因在于地理、历史、经济和社会等多种因素的影响。英语翻译时，不能仅按照同化原则、使用同化方法，这样可能会限制文化之间的对等交流，还需灵活使用异化方法，使译文具备原文中的那种特殊风情，让读者对源语国家的文化特征有较为真实的了解，在不知不觉中接触和理解不同的文化，也能够对原文形成更加深刻的理解。同化方法能够让原文中的陌生文化变成读者熟悉的语言文化，从而通过类比自己了解的文化对原文形成更加准确的理解，但这也损失了部分附加的信息含义。若是只使用同化方式进行翻译，读者在阅读时是隔着本土文化对原文进行理解的，也就无法对其他国家和民族文化的进行了解和欣赏。因此，翻译中灵活使用异化方法，将异国文化还原，有助于读者更好地达成阅读目的。翻译人员应该在保持基本翻译准则的基础上，借鉴自身的想象力，巧妙地展示异国文化的特点。

译者在借助异化方法翻译时，需要对原文形成深层次的理解，避免误读原文含义，避免翻译内容与原意相差甚远。美国女作家赛珍珠翻译了我国四大名著之一的《水浒传》。她对同化方法使用得过于泛滥，过于追求贴合原文，却不知不觉背离了真正的意义，从而让读者感到难以理解。如将"江湖中人"翻译为"men by river and lake"，这个翻译虽然字面上来看是准确的，但很多外国读者完全无法理解，这种翻译方式会打乱读者的阅读节奏，影响读者对整个故事的理解和把握。将其翻译为 Robin Hood，这样读者就能明白表述其指的是一种像罗宾汉那样的人，即绿林好汉。立足于语用学，异化翻译同样具有重要意义。首先，对汉语中的行为动词和心理动词翻译的时候，"多对多"的混用方法能够带来更好的效果。其次，在文化传播中，需要尽可能防止因为立场标记出现的使用错误，因为如果立场标记位置不正确，会导致误用。所以，深入、全面、辨析地理解译文至关重要。

英语翻译采取异化方法，即原语文本的语言和文化转化为译入语语言和文化。如此在翻译过程中，融入了异文化的新元素，使读者在阅读中能够了解更多异文化信息。进行异质文化和语言的渗透，有助于促进文化融合，在翻译中使用特殊语言词汇、语法等使译文更具西方文化色彩，能够突出文化差异，使译文更加精准，对原文的含义和思想情感色彩传达得更加贴切，让读者体验异国文化的独特风格。比如，"Time is money."这句话与中文的一句诗所对应——"一寸光阴一寸金"，两句在意义上十分契合，但是不能体现出美国的文化色彩，翻译成"时间就是金钱"更能够体现出美国人的民族性格和文化特征。又比如，"paint the lily"这句，用同化方法可以翻译为"画蛇添足"，这样可以使读者瞬间体会到原句的含义和情感，但是却不能感受到其中的文化性。使用异化方法，将其翻译为"给百合花上颜色"更合适，百合在基督教中具有特殊地位，在西方人看来，它就代表着纯洁无瑕，所以，"给百合花上颜色"根本没有必要，反而会带来不好的效果，这样翻译能够使读者对其背后的文化有所了解，因此，采用异化翻译更加恰当。

总体来说，语言在文化中扮演着重要的角色，承载着文化，有利于文化传承。因为中西方文化存在明显的不同，译者需要深刻理解两者之间的不同，在翻译中根据实际情况，选择合适的翻译原则，以确保翻译准确无误的同时，体现出其背后的文化性，实现交流的目的。

二、跨文化英语翻译的词类转换技巧训练

跨文化英语翻译，有一个常用的技巧就是词类转换，若要达到良好的词类转换效果，则要考虑很多方面。例如，将中文原句"李丽和王倩关系一直不好。令她们尴尬的是她们将要在同一个班级上课"，翻译为英文，可以是"Li Li and Wang Qian didn't get along well with each other. It was embarrassing that they were to study in the same class"。这样可以提升翻译质量，使译文通顺，意思明了。

（一）跨文化英语翻译中词类转换的重要性

当翻译不同文化背景的文学作品时，需要采用多种技巧。英语词类转换就是技巧之一，并且十分重要，译者应必须对其进行灵活有效的运用，以保证翻译作品实现对原文信息更加准确地传递。举个例子，英语翻译中，通常每个英语句子都有一个谓语动词。因此，动词名词化的情况比较普遍。与此相反的是，汉语句子并不存在这种限制，不必有一个谓语动词，因此在翻译过程中，译者可以将汉语中的印象、地位、特点、态度、定义等名词转化为英语中对应的词语。通过这种方式，既能够提高翻译的品质，还可以使翻译更简单易懂，更加流畅。

（二）跨文化英语翻译中的词类转换类别

1.英语翻译中的名词转换

在英语句子中，许多名词可以派生为动词，进行名词转换时，需要将其翻译为动词，或者副词或形容词等形式，这样能够使句子通顺且符合原意。相比英语，汉语中动词出现得更加频繁，因此译者应当将英语中的名词转换为动词，才能更加符合汉语的词语使用规则和习惯。

例如：pay attention to, have a rest, make a decision 中的 attention, rest, decision 都是短语中的中心词，它们都是名词，但是在短语中却作为动词来表达动作。在句子中同样也存在名词用作动词的现象，如"The flowing of current first in one direction and then in another makes an alternating current." 这句话就将其中的名词译成动词，可以翻译为"电流首先沿着一个方向流动，然后再沿着另一个方向流动，形成交流电"。

在进行英文翻译时，名词转换的技巧并不适用于所有英语动词的转换，如果强行将其转换为汉语，所形成的句子有一种生拼硬凑之感，读者并难以流畅地阅读，也很难理解原意。这种英语动词并不少见，如 act，run，work，aim，behave，furnish，direct，characterize 等。除了动词外，英语中还有部分形容词可以派生为名词，需要将之翻译为形容词，如 "The pallor of her face indicated clearly how she was feeling at the moment." 这句话可以翻译为"她苍白的脸色清楚地表明了她那时的情绪"。英语中还有一些名词较为抽象，若翻译时不对其进行转换，就会导致句子出现歧义，有时候还会使句子直接变成另外一个意思，对于这样的名词，需要将其转换为副词，保证翻译质量。

总之，译者需要结合原句在文中的含义，将其中的名词转换为副词以及相应的状语，以使翻译更为准确，如 "The new mayor earned some appreciation by the courtesy of coming to visit the city poor." 可译为"新市长有礼貌地前来访问城市贫民，获得了他们的一些好感"。

2. 英语翻译中的动词转换

在进行英文翻译时，有时需要使用词性不同的单词来替换动词，这样可以使句子更加通顺，同时准确表达原文的意思。英语翻译中的动词转换通常有以下几种：

（1）英语中的动词转换为名词

这种转换技巧针对的是名词派生的动词，这种英语动词在汉语中很难找到对应的动词，因而应当将之转换为动词，对原句进行翻译，使之意义不变且句子通顺。

"This kind of behavior characterizes the criminal mind." 译为"这种行为是罪犯的心理特征"。

"To them, he personified the absolute power." 译为"在他们看来，他就是绝对权威的化身"。

除了关注词语的意义之外，还需要关注句子结构以及其与词语的搭配，从而进行灵活的词类转换，这样才能够实现翻译效果。比如对于"绝对不允许违反该原则"这句话，可以将其翻译为"No violation of this principle can be tolerated.",汉语句子中的"违反"词性为动词，其所对应的英语译文中的词语为"violation"，是一个名词，转换了词类，但是比较贴近原意。将其强行翻译为动词，反而会导致意思改变。

（2）名词转用的动词翻译为名词

有时候为了使翻译后的句子和原文的句子相一致，需要将原文中的名词专用的动词在译文中转换为名词。例如：

"Our age is witnessing a profound political change." 译为"我们的时代是深刻政治变革的见证"。

（3）将动词转化为形容词

例如，"Marie's was deeply impressed by what I did at that time." 译为"我在那个时候的行为给玛丽留下了深刻的印象"。其中句子中的 deeply 作为副词可以表示程度，而作为动词的 impress 后加上 -ed 转化为形容词，从而让翻译出的句子更加通顺、正确，更加完善。

3. 英语翻译中的介词转换

英语中常用介词，相比之下，汉语中常用介词数量较少，并且其中不少介词是通过转换形成的。介词在英语的结构中扮演着一个关键的角色，它令英语语言更有灵活性和魅力。它的使用很重要，可以改变语句的含义和表达方式。译者可以将英语中的介词转换为动词，以改善句子的流畅性，从而提高翻译质量。如 across，into，over，past，through 等介词，在一定程度上有着动词的意义，将其转化为动词，能够使译文更加紧凑，并且在意思的表达上更加连贯。另外，还有一些介词能够转换为动词，它在原因和目的状语中。比如"Qiu Shaoyun in spite of all difficulties, insist on fighting." 译为"邱少云不顾一切困难，坚持战斗"。英语句子中的 in spite of 作为介词，在汉语中对应的是动词"不顾"。

4. 英语翻译中的形容词和副词转换

对于英语原句中的一些形容词和副词，也能够将之转换为汉语句子中的动词或者其他词类，以便保证译文的流畅，易于读者理解，使译文与原文在意义上更加贴合。如英语句子"I am anxious about my mother's health." 翻译为汉语句子就是"我担心妈妈的健康"。

"anxious"是形容词，其所对应的是"担忧"为动词，改变了词类，但是译句更加符合原意，读起来也更加通顺。在英语翻译中，对名词进行了转换，使之成为动词，相应的原句中修饰这个词语的形容词，在译句就成为修饰动词的副词。"We must make full use of exiting technical equipment."（我们必须充分利用现有的技术设备）就是例子。因而，对于英语翻译，译者应当关注句子结构，灵活使用词类转换技巧，以最终的翻译效果为准。

总而言之，英语译者应当运用多种文化视角进行翻译，以达到优质的翻译效果。此外，译者还需要了解不同词类之间的转换规则，根据文章的背景和情境，对其中的思想情感进行理解，基于此进行词类转换。通过这样的手段，英语翻译的准确性和流畅性得以提升，使两种语言能够良好转换。

三、高校商务英语翻译教学中跨文化交际意识的培养

随着全球经济一体化的发展，国际的交流与沟通成为商务发展的主旋律。近年来许多高校相继开设了商务英语专业，其中商务英语翻译课程是主干课程。商务英语作为国际商务活动语言沟通的工具，为商务活动的顺利开展提供了必要的保障。加强翻译教学中的文化交际意识培养，既是高校商务英语专业教学的重点之一，又有利于促进高校学生跨文化交流沟通能力的进一步提升。

（一）高校商务英语翻译教学概述

随着国际贸易的持续发展和外贸企业的增多，社会需要高校教育积极顺应社会发展需求，商务英语运用能力，并且商务知识深厚的综合型人才。这也是商务英语专业得以开设的重要社会基础，而社会旺盛的需求也为其提供了较为广阔的就业市场。不管哪所学校，都在商务英语专业中，设置了商务英语翻译课程，且将其设置为必修课。可以说这项能力关系到学生在职场中的发展。

（二）关于高校商务英语翻译教学中存在问题的解决措施

1. 改革英语翻译的教学模式

随着时代和社会的发展，语言也在不断演变和丰富。社会对包括商务英语专业人才在内的各种类型的专业人才的需求不断增加，商务英语教师应该与时俱进地更新教学理念，采取多样化的教学方式，以创新的、更有效的方法教学，适应

现代的教学环境和需求，并让原本单调乏味的翻译教学法得到改良。案例教学法是一种新颖有效的教学方法，它是在课堂教学中引入真实案例，重视激发学生的主体性，发挥教师的主导作用，结合课程内容选取现实案例，引导学生独立思考、自主学习。

案例教学法的实施有几大要点：第一，重视案例的选取，要确保符合教学目标、贴近实际并与时俱进。其应当是典型案例，根据本节课的内容突出案例的某个侧面，结合学生当前水平确定难度。第二，需要关注案例的操作性，使得学生在具体讨论分析时能够有所作为，能够自发地思考和分析，提高其应对能力和独立思考的能力。利用具备话题性且可实际操作的案例进行教学，可以使课堂更有趣味，同时也促进学生彼此交流，提升他们的语言表达和问题解决能力。这将为商务英语翻译教学中跨文化意识的培养打下基础，也将为今后学生在实际工作中的人际交往和合作沟通能力奠定基础。

2. 提高教师的专业素养

教师应坚持终身学习理念，不断锻炼自己的跨文化交际技能，在日常生活中强化自己的商务文化意识。在课堂教学中，教材等常常会含有中西方在政治、经济、宗教、文化等方面的差异，教师需要关注到这一点，构建轻松、活跃的英语学习环境，在翻译知识和技能教学中融入文化教学。教师应重点关注学生的跨文化交际意识，并在教学中对此进行针对性培养。此外，高校需对商务英语翻译教师应具备的素养和能力作出全面的认识，针对现实存在的师资短板，积极组织专业教师培训。还可以通过校企合作的方式，邀请企业优秀员工进校开展教师培训，或者提供机会使教师深入企业参与实践。在招聘新教师时，将商务背景经验纳入招聘标准，对于具备外贸工作经历的人员更应该优先考虑。在职教师可以利用假期或学生实习的机会深入企业，参与社会实际的跨文化交际活动，对企业需求进行全面了解，积累经验。这样可以使自己的教学更加贴近实际，不再局限于书本知识。

3. 增强学生的跨文化意识

帮助学生更加清晰地了解翻译课程的学习目标和重要性，让他们认识到跨文化交际意识在学习翻译中的必要性。充分调动其好奇心和学习兴趣，鼓励他们自主探究和学习英语国家文化，促使其积极主动地涉猎各类知识，提高学习效率，同时提升人文素质，从而为学生跨文化意识培养奠定基础。只有在作为学习主体的学生积极、自主地学习时，他们才会真正意义上吸收和内化知识，而非机械记忆，同时在英语翻译实践中，综合运用自己所学的英语知识和跨文化意识，提升自己的翻译实战能力。

4. 选择适当的教学材料

高校应当根据校情、学情，选择合适的教材。在选择教材时，不能一味追求名家著作。教材在设计和编排上应以商务英语翻译理论为基础，并结合实际练习，以使教学过程安排能够更加合理，能够由浅入深、由易到难、由理论到实践，展现出商务应用本体特征。需适应学科特点，教材不仅要内容新，其内涵的思想理念也要新，根据时代发展不断更新内容和词汇，以保证教材质量。需要认真考虑教材的逻辑性、严谨性、准确性和实用性。教师可以根据学生的实际学习能力和需求，适时调整教学内容，将实际商务活动中的内容融入课堂教学中，例如公司签订的合同、产品的包装设计以及产品说明书等，以此来教授学生先进的商务英语教学理念和商务思维。从而增强教学内容的实用性，帮助学生更好地应对复杂多变的商务英语环境，让他们在实践中游刃有余。

随着全球经济越来越一体化，不同国家之间的经济交流也越来越密切，因此对商务英语人才的需求也越来越大，商务英语人才的教学因此备受关注。然而，商务英语翻译教学与社会实际需求相分离的情况也更加显著，其他教学问题也暴露了出来。我们的高校教育目的在于为社会需要培养优质的专业人才，要培养的商务英语人才也应当是社会需要的综合商务能力强复合型人才，因此不断提高商务英语教学水平是我们办学的重要目标。商务英语翻译课程的一大重点在于培养学生的跨文化交际能力，这对于提高英语专业学生的英语水平非常关键。通过这个课程，我们要培养那些能够胜任商务英语翻译工作、经验丰富的翻译人才，输送给社会。

第三节　高校学生跨文化交际能力培养

一、高校学生跨文化交际能力培养的重要性

随着经济全球化的推进，各国之间的相互关系越发密切，各领域的交流也更加频繁。若没有深入了解其他国家文化，很可能在交流时产生摩擦，导致矛盾和

冲突，不利于世界和平。文化在不同国家之间进行交流和合作中，扮演着桥梁的角色，所以，全球文化融合是大势所趋、势不可挡的。为跟上时代脚步，减少由于文化差异形成的沟通误解，培养跨文化交际能力变得至关重要，这也是大学生全面发展和未来长足进步的必要需求。

跨文化交际能力的培养作为英语文学课程教学的主要目标之一，也是推动全球化进程不可或缺的能力。跨文化交际作为独立学科的历史始于1959年，为美国学者爱德华·霍尔所提出。当一位携带着特定文化背景的人传递信息，并期望另一位来自不同文化背景的人能够理解时，便会发生跨文化交际。在跨文化交际活动中，人们会在自己文化认知的立场上对对方的行为和意图作出判断和评价，但是人们很少乃至不会察觉到这种判断和评价的背后是自身的文化认知在起作用。很多人不是出于恶意而歧视或疏远他人，也不是有意误解他人，这些行为和判断往往是无意识作出的，却有着极大的负面影响。

为了在跨文化交流中取得成功，我们需要重视母语文化教育，并使学生形成和巩固文化平等意识，以破解英语教学中的"中国文化失语症"。这将有助于我们更好地跨越文化差异。

首先，我们应该将中国文化元素融入教学内容，并且重视母语文化的教育，使学生们形成强烈的民族自豪感和文化平等意识。为了在英语专业文学课堂中增添中国文化元素，可考虑开设中国文化相关的英语选修课程，作为补充课程来提升学生的文化素养。其次，我们可以将反映中国文化语境的优秀英语文学作品融入文学课程大纲中，其中包括中国作家所著的英文名著、英语国家华裔作家的作品，以及英美名家创作的反映中国社会的英语作品和对中国经典文学名著的翻译作品。这样的做法不仅可以拓宽学生的文学视野，更能够增强学生对中国文化的理解和认知，以及学会用英语表达中国文化。最后，强调实践培养，促进学生在母语文化和目的语文化之间进行双向交流。例如，在学习英语戏剧时，可以引导学生将英语原剧在中国文化背景下进行改编，以深入感受文化交融带来的体验。

在全球化的背景下进行跨文化交际，必须确保双方都保持平等的态度进行双向互动，这样才能获得共赢的结果。在英语专业文学教学中，除了母语文化失语症之外，还有一个问题就是文化自闭症，这也会阻碍学生跨文化意识的构建。这种"自闭症"并不是拒绝接受英语文化，只坚守本国文化，而是有意或无意地将英语文学和其他国家文学之间的交流与连接切断，以人为的方式限制异质文化对英语文化的影响，以单一的方式阐释英语文学，将其放在一个封闭的文化系统中。这种倾向会导致学生难以建立正确、全面的英美文学和文化认知谱系和图式，导致英美文学教学与全球化趋势下的文化交流和对话的趋势背道而驰，导致对其他文化的偏见和误解。英美文学教学对阅读量有很大的要求，但是这种要求很难实现，很多学生因实用主义思想而对学习文学没有兴趣，这导致学生在学习文学时只会死记硬背一些概念和理论，从客观上造成了跨文化交际中目的语文化"自闭症"。为解决此现象，教师不管是选择、编排教材，还是进行课堂教学，都要遵守"系统性"原则，针对授课时间，选择适量的文本，以确保文学发展的概貌完整。此外，应该在教学内容中适量加入文学文化比较研究，促进学生的跨文化意识的形成。在教学中引入多元文化，需采用由简入繁的逐层渐进式教学策略。教师应该引导学生将本民族的文化元素融入外国文学课堂，并以现实问题为核心展开讨论，让学生在多方位互动的教学模式中积累文化知识，强化"文化移情"能力，这也是跨文化交际的核心能力。

此外，我们还需要注重培养学生的跨文化伦理思辨能力，以接纳不同文化间的差异，从而消除文化自闭症。黄万华教授对海外华人文学作品进行了大量研究，提出了两个关于跨文化意识的概念——"异"视野和"异"形态，这启发了人们，使人们逐渐意识到在英语专业文学教学中，应当以何种文化态度对待目的语文化。海外华人作家普遍拥有较为自觉的跨文化意识，因而他们能够基于自身文化的视角对母语文化形成理解，并自觉地基于这种认知模式去理解异质文化。这也使得他们在跨文化交际中，能够更好地理解他人的行为，接纳他们的情感，并从差异中发现相互补充和相通之处。

二、高校学生跨文化能力培养策略

（一）促进学生文化多元主义思想的发展

1.培养学生积极看待异文化并促进其对自我价值的认识

要引导学生在跨文化交际发生之前和进行当中，先假设来自异文化的对方是善意的、是寻求与自己的理解和交流的，假设异文化和中国文化在深层次上有很多共同点。这样积极地看待异文化及其成员的态度，也会辐射到跨文化交际的对方，促进双方的好感与信任感的建立，形成一种有益的跨文化交际场景，促进跨文化交际的良性循环。这样，在这个过程中，即使出现文化差异或令人困惑的情况，双方也能遵从与人为善的原则共同找到解决办法。

要培养英语专业学生对英语文化的积极态度，使他们对自己尚不了解的陌生的人和事物首先假设其为"善"和"好"的，这种思想符合对中国文化产生重要影响的儒家思想的"性本善"说，如《三字经》就开宗明义地强调："人之初，性本善；性相近，习相远。"引申到跨文化交际中，我们可以理解为，不同文化中的成员其本性首先是善的，虽然各文化的习俗、文化的表象存在差异，但是人们的本性相通相融。有了这样积极的假设，即使在跨文化交际中遇到困惑、矛盾甚至冲突，也会让人有信心去面对、去解决。相反，如果在跨文化交际尚未进行之前，就假设来自异文化的他者是"性本恶"，处处疑心、设防、过分敏感、封闭自己甚至主动攻击对方，这样就会对自己的跨文化行为产生极其负面的影响。

跨文化能力不是独立于人们个性之外的一种附加能力，而是个性的有机组成部分。所以，要培养英语专业学生的跨文化能力，需要鼓励学生对自我形成积极认识，并引导其实现个人价值。唯有基于此，学生才能够更加从容和轻松地向来自不同文化背景的人展示自己和开放自己。所以，在教授英语时，教师需给予学生充分的尊重，尊重他们个性上的不同，并留出空间给学生自由发展和表现个性，引导学生提出个人独立的看法，帮助他们充分发挥各自的优点，培养他们的独立人格，培养其不断发展和实现自我价值。

高校教育应注重人文性和教育性，应将人才培养置于"素质教育"框架之中，使大学生作为一个人的整体素质和个性发展方面得到最大限度的提高。

2. 鼓励学生勇于探索母文化与目的语文化

许多专家认为，对于异文化具有强烈的好奇和兴趣，能够让人们可以更好地站在对方的角度上理解异文化和其中的成员，这也能够促进跨文化移情的能力的形成。所以，为了提高英语专业学生的跨文化能力，需要激发他们对新事物的兴趣和探索精神。教师需要教育学生，学习新事物和适应陌生的环境对于自身的发展而言不是危险和威胁，而是拓宽视野、发展个性的机会。

要培养英语专业学生的跨文化能力，很重要的就是要培养学生对母文化和异文化的兴趣，如孔子在《论语》中言："知之者不如好之者，好之者不如乐之者"。所以，应当鼓励学生始终保持对异文化的好奇心和了解文化之间相同处与差异性的广泛兴趣，促使他们愿意与异文化成员交往，并共享知识与信息。

在教学过程中，教师应借助多样的教学材料，向学生介绍英语国家文化与中国文化之间的主要不同之处，从而让学生有一定的心理准备应对未来的跨文化交际。然而，也应该提醒学生英语国家的文化中存在与中国文化相似的地方。例如，有很多文化都有着相同的价值观，只是在各自的文化中这些价值观的重要性可能略有不同，并且表现形式也不同。

在大学英语专业教学中，我们需要注重利用各种媒体以多样的形式来呈现英语文化，以激发学生对英语文化的学习兴趣，从而让学生以积极的态度认识英语文化，对其有全面的感性认识，促进他们对英语文化的探索，通过探索，培养他们的跨文化宽容度和移情能力，增强学生对英语文化的尊重和跨文化敏感性。

3. 培养学生多视角看待问题的能力

许多研究指出，导致不同文化相互误解和冲突的主要原因在于，人们往往将世界放在自己所属的文化范畴进行认知，认为自己的思维方式、行为方式和价值观等适用于所有人。所以，在培养英语专业学生跨文化交际能力时，应在具体的教学和实践中，引导他们发现并努力克服自己存在的民族优越主义思想。基于自身理解去理解他人，可以使学生审视自己一贯的思维方式、行为方式和价值观，进而培养他们的批判性思维能力。使学生认识到每一个人都是受到生活里文化的影响的，如张红玲所强调的，学习者对潜移默化形成的价值观和参考框架进行反思和质疑，这种自我反思能减少或消除民族中心主义思想。因此，有必要引导学生分析文化对自我的影响，培养文化省思能力，如分析自己在何种程度上受家庭、集体、教育、社会、价值观、传统等的影响。

此外，可以引导学生对自己常规的思维方式、行为方式和价值观进行批判性思考。尽可能为这种审视提供其他参照案例，以引导学生比较不同地区的学生所具有的不同文化印记。在与同学的互动交流中，学生可以提升自己的移情能力和多元化思考问题的能力，同时也能够增强自己在人际交往中的敏感度和包容性，避免自我中心和民族中心的观念。

通常情况下，只有当人们离开自己一直生活的熟悉的文化环境时，才更有可能意识到自己身上有着民族中心主义思想。所以，我们应该鼓励学生去接触、进入和探索未知的文化环境，以便他们可以接触到多样的文化和观点。中国作为一个多民族多文化的国家，教师可以推荐学生在假期时到少数民族地区开展文化交流活动。另外，也可以建议他们去与自己生长环境相异的地方去考察，例如在城市长大的学生可以前往农村体验不同的生活方式，同样的，农村学生也可以去城市了解不同的生活体验。学生可以将他们的体验记录下来，还可以通过电子杂志把这些体验用生动的形式记录下来，互相分享。

当然，与那些以英语为母语的人进行真正的跨文化交际，更有助于英语专业学生克服民族中心主义思想，使之具备多视角思考问题的能力。这种交流和经历有助于学生在亲身体验中了解到不同的生活方式所依据的背景和理由，使他们反思自己认为理所当然的生活准则。这有助于他们认识到自己的生活方式和价值观并非唯一正确的，同时强化了他们的宽容心和多角度看待问题的能力。

另外，对其他国家的人所持有的中国文化观点进行了解，同样有助于避免民族中心主义思想的影响。一些高校的外语专业在课程设置上包含了《外国人看中国文化》等，这能够帮助学生以多方位的、具有批判思维的方式看待自己所处的文化背景，从而促进其多元文化的思想的形成。

在对目的语文化特别是该文化中所使用的言语表达的理解方面，应使学生学会在跨文化交际的同时，跨出母文化的思维定式，以更新、更高的角度甚至多维度来理解异文化的人和他们的言语表达。这种方式，不会使人丧失对母文化的认同感，而是会加深和改善对母文化、对他人、对外界的认识。

在培养英语专业学生跨文化能力的过程中，要培养他们从新的视角，即从超越母文化和异文化的跨文化视角，用第三只眼睛审视英语文化，如王志强所指出的，"我们在理解他我文化时应超越本我文化视角，用介于本我文化和他我文化之间的新认知视角，即用第三只眼睛审视本我文化和他我文化"。他这里所指的第三只眼睛是介于母文化和异文化之间的、独立的第三认知点。

英语专业学生以英语为主要学习对象，教师应当引导学生扩大跨文化视野，从更广泛的角度了解和理解中国文化、英语文化，到对更多的文化有所了解和研究，以形成国际化的视野，具备对多元文化的敏感性，提高跨文化实践能力。

以上建议有助于学生养成文化多元主义思想。当学生不断提高自己的英语水平，以及获得更深入的英语文化认识和更丰富的跨文化经验后，他们将逐渐发展出更多的跨文化能力，尊重异文化，理解英语文化成员的价值观、思维和行为方式，为实现成功的跨文化交际打下基础。

4. 培养学生的文化敏察力和跨文化移情能力

一个具有较强文化敏察力（又称文化敏感性）的人，对跨文化交际过程中的文化异同、轻重缓急、敏感地带等十分敏感，跨文化能力培养的一个重要方面就是培养学生的跨文化敏察力，使其了解掌握异文化的主要价值观、思维方式和行为方式，具有对异文化基本特征的感性和理性分析能力。培养学生的文化洞察力，就是培养他们对文化表层的现象有敏锐的感知和觉察，同时培养他们探究和分析文化表层现象背后的文化深层原因和本质的能力。

文化敏察力不是与生俱来，而需要通过学习形成。文化敏察力的培养需要由表及里、由浅入深、循序渐进地发展。在英语专业学生跨文化能力发展的初期，可以训练他们对处于文化表层的母文化和异文化基本特征进行观察与描述，训练他们发现常人不易发现的事物与现象。在此基础上，引导他们对所感知到的事物与现象进行文化比较和文化深层次原因分析，同时学习多视角看待和分析问题，尤其学习从异文化成员的视角来感知、判断和分析事物和问题，提高跨文化移情能力。

跨文化移情能力是指尽量站在来自另一文化的他者的立场去思考、去体验、去进行跨文化交际。培养跨文化移情能力，就是要跨越和超越母文化的局限，使自己处于异文化成员的位置和思维方式，设身处地地感悟对方的境遇，理解对方的思维和感情，从而达到移情或同感的境界。

跨文化移情能力也包括站在对方的角度来理解其交际的意图。这种移情能力建立在对交际伙伴的文化有深入和多方面了解和理解的基础之上。因此，要培养跨文化移情能力，必须加强对异文化的学习。

培养英语专业学生的跨文化移情能力，还包括帮助他们认识到来自英语文化的成员可能感知到自己不曾感知到的东西，看到他们对所感知到的东西可能有与自己不同的诠释。

（二）促进学生对母文化和目的语文化全面深入的认知和理解

1.拓宽和加深英语专业学生对中国文化的认知和理解

在了解其他文化之前，我们必须先对本土文化进行深入、全面的了解，这是理解异文化的关键先决条件。英语专业学生对中国文化的了解将成为未来跨文化合作实践中非常重要的因素，因为很多国际公司在寻求符合中国本土情况的解决方法时，都需要借助到中国员工对中国文化的洞察和理解。这些公司期待英语专业学生在中外跨文化交流中充当桥梁的角色，从而帮助实现这些企业在中国投资的目标。所以，对于中国英语专业学生来说，全面深入地认识和理解自己的母文化，以及具备向异文化的成员传播中国文化的能力都是至关重要的。只有深入了解中国文化，才能客观地认识到其中的认知、思维和行为方式不是普遍适用的，从而提高我们对其他文化的敏感性和宽容度，增强我们的跨文化能力。

培养英语专业学生的跨文化能力不仅在于提高他们的英语语言交际能力、同时需要他们了解英语国家的文化，在两种文化之间架起桥梁的作用。

老子在《道德经》中有言："知人者智，自知者明"，对母文化的历史渊源、本民族典型的价值观、思维观、行为方式等有深刻的认识和反思，有助于我们了解自己的文化烙印，增强人们的跨文化敏察力，提高人们在中外文化之间进行跨文化沟通的能力。德国跨文化交际研究学者托马斯转借用孙子"知己知彼，百战不殆"的思想，说明了解自己的文化是培养跨文化能力的第一步。孟凡臣指出，通过激励大学生对母文化进行反思，以深化对影响自身价值观的社会条件的认识。只有认识到个人的价值观是由个人经验所塑造的，才更利于意识到自己所持有的部分文化价值观可能存在一定的偏见，而非客观的真理。通过比较母文化和异文化的价值标准，我们可以更好地认识到自己所持有的文化标准是具有的文化中心主义特征，从而能移情于异文化的价值标准。要了解中国文化，必须了解中国的文化传统、价值体系、影响中国文化的因素等。同时，在跨文化交际中，中国文化所遵循的一些价值观和处事方式可以为跨文化交际提供许多积极的参考，从而为跨文化交际研究提供新的视角。

如前所述，应当加强英语专业学生对中国历史文化的了解和研究，开设一些中国国学的选修课，通过对中国文化的学习，尤其是通过对中国文化中积极的社会主义核心价值观内容的学习，可以增强学生的母文化价值感和民族自尊心，提高学生的文化素质和学养，增强他们弘扬中国传统文化的意识和主动性。理解和认同母文化，可以帮助学生理解和尊重其他的文化，进一步拓展自己的跨文化心理空间，对文化的多元性展现出一种大度的态度，形成兼容并蓄的跨文化人格。同时，使学生在跨文化交际中成为有价值的、受欢迎的交际伙伴，因为异文化成员在与中国学生交流过程中，大多是希望对中国文化有更广泛和深入的了解。

需要指出的是，了解中国文化不仅包括了解中国传统文化的精髓、了解中国的主流文化，同时也包括了解中国丰富多彩的亚文化。很多在国际企业工作的中国员工，他们所面对的服务对象大多是中国人，而他们因其所属不同的亚文化而不同。了解中国文化的多层次性可以帮助人们成功地进行跨文化交际，做好中国文化和异文化沟通的桥梁。

大学生应了解中国文化、将中国文化的精髓贯穿到跨文化交际中，强化学生的人文精神、价值观，提高他们的人文素质，培养他们在中外文化之间的沟通能力，可以极大促进他们跨文化能力的提高，同时也为促进真正意义上的跨文化对话作出贡献。教师在英语教学的过程中，需组织实践锻炼学生练习用英语描述、解释并展示中国文化的演变历史、思维模式和行为方式的能力，强化他们比较中国文化和目的语国家文化的能力。此外，还应该引导他们从异文化的角度来观察和分析中国文化，以便从多个角度来认知和理解中国文化。

2. 学习目的语文化

虽然语言是文化的载体，是其中的一个部分，然而只拥有英语能力并不足以表明一个人具备跨文化交际的能力。了解目的语国家的文化背景有助于深化个人对目的语的理解。为了让学生更加全面地了解真实的目的语言文化，英语教学应该将与该文化有关的历史、社会、经济、政治、生活方式等方面的信息与教学内容相结合。需要关注的一点是，文化是不断演变的。同一时代的文化具有多种方面和层次，因此我们需要教育学生在分析目的语文化的时候，坚持发展的观点，从多元角度出发。这样可以避免学生对他国文化形成思维定式和刻板印象。所以，在英语教学中，我们在将目的语国家文化融入英语教学时，要关注两个角度：历时性和共时性。

在此基础上，还要培养学生具备掌握目的语国家文化的能力，即先宏观地了解目的语文化，再从中观（如地域文化、某一领域的特征、各时代人的不同特征）

和微观（如异文化成员的个性特征）的层面观察、分析和理解它，最后达到宏观、中观和微观的整体了解和理解。

当然，想要全面了解和理解某一异文化是一个循序渐进的过程，对于跨文化经验尚不丰富的大学生来说，对某一国家的文化了解得比较肤浅笼统，或是对这些了解充满矛盾和困惑，这些现象都是跨文化学习过程中出现的正常现象，作为教师应当帮助和引导学生来处理这些问题。了解某一异文化的过程就是先培养对这一文化的兴趣和好奇心，通过不断学习、观察和思考，增强观察力、判断力，尤其是增强多视角、多层次认知异文化的能力，以及不断趋近全方位了解和理解异文化的能力。

使英语专业学生明白英语文化与中国文化存在差异这一点自然是重要的，但同时，高校英语教师还要引导学生找到两种文化在深层次上的共同点，在了解"习相远"的同时，也要把握"性相近"的文化共同价值。如前文所述，在"求同"的基础上，"存异"对于培养跨文化能力至关重要。

要深入了解英语文化，除了从中国人及英语文化成员的角度分析英语文化之外，还可以通过阅读和讨论的方式，了解其他文化成员对英语文化的看法和评价，从而使学生更加全面深入地理解英语文化。此外，我们应当看到，文化知识浩如烟海，绝不可能将英语国家的文化知识完全传授给学生，而且也没有必要，重要的是讲授态度、观念、策略和方法。

3.跨文化交际理论的学习与文化比较

在英语专业的教学中，为了提高学生的跨文化能力，我们需要引导他们从更加全面的角度和更深的层次认识和解读中国文化和英语文化，同时还需在教学内容中添加文化学和跨文化交际学相关的理论、研究方法和重要成果。这包括文化特征、文化发展规律、跨文化交际的特点和规律，以及描述和分析文化的方法、工具和模型等。应当了解和批判性地分析目前比较有代表性的文化和跨文化交际理论和模式，如霍尔的跨文化分析模式、霍夫斯泰德的文化维度理论、琼潘纳斯和特纳的文化维度理论等。如今，越来越多的高校推出了"跨文化交流"课程。但不能忽视的一点，我们不应盲目奉行西方的理论，而应在吸收这些理论的基础上，建立属于中国自己的跨文化交流理论框架。

立足于跨文化交际理论进行教学，能够帮助学生以他们所掌握的文化分析方法，来比较英语国家文化与中国文化差异。这种比较应从多方面出发，如国民性格、价值观、思维模式、行为模式、风俗习惯、时空观念以及非语言沟通方式等等。引导学生选择不同的主题，比较和分析中国文化与英语国家文化的某些方面，找出异同，引导学生收集显示文化异同的数据和案例（在收集过程中学生也能锻炼其文化敏察力和批判性思维），并尝试去探究导致差异的深层次文化原因（可指导学生提出假设，再在理论研究的指导下，通过科学的方法作出结论，在这一过程中，培养学生的分析和解决问题的能力），之后建议以研讨会的形式将结果进行演示和报告。

以上所描述的文化比较应当看成学生跨文化学习过程的一个重要环节，在文化比较的某个专题研究结束后，要帮助学生对其跨文化学习进行总结（包括理论和方法总结），可建议学生准备一个专门的文化比较文件夹，以影响跨文化交际的不同基本因素为主题，不断丰富相关的资料。这种文化比较主要涉及主流文化的比较，因为只要理解一个民族的整体的思维方式和价值观，就能够更加轻松地解读其他层面的文化现象。

也可开设比较中外文化课程，将中华民族文化与世界上影响较大的主流文化，如欧洲文化、美国文化等进行对比研究，促进学生跨文化能力的提高。然而，需要让学生记住的是，这种对比只能作为参考，在具体的跨文化交际中，必须对参与交际的个人和具体语境作出具体分析。我们鼓励学生运用跨文化交际理论知识来参与实践。如让学生分析跨文化交际的真实案例，立足于与中外文化两个角度对这些案例进行解读，推测交际者的心理和行为方式，对自己未来的跨文化交际形成预期，并在各个方面分析和探讨影响交际的因素。

在不同文化的比较中，人们往往会强调文化的差异。这里需要特别注意的是，如前文曾经指出的，应当引导学生发现异文化与中国文化深层次上的"共同点"。从学习心理学的角度，找到这些共同点也很有意义，因为很多大学生缺乏跨文化交际经历，受中国教育体制的影响，部分青年人往往缺乏探索新生事物的勇气，如果过于强调异文化与中国文化的差异，大学生们就会在与异文化成员进行交际之前有畏惧感；相反，如果找到了文化之间的共同点，会使跨文化交际活动更容易开展起来。

当然，这种对比不可能包罗万象，重要的是对学生在方法学方面的培养，启发学生通过对一些文化主题的探讨，加强学生的文化敏感性、自我认识以及对异文化中人的认识，并提高其认知能力、超越自身文化的局限。上述的文化分析和跨文化比较并不一定要求学生达到很高的科研水平，重要的是培养学生在分析和比较的过程中培养其跨文化洞察力，培养其对跨文化交际研究方法的应用。最后需要强调的是，不能以孤立的眼光认识和理解母文化或者目的语国家文化，并且所形成的两种认识也有着密切的联系。

4. 融通中外文化

在欧美很多语言中，"交际"一词来源于拉丁语，其原意有"共同分享""互相沟通""共同参与"的意思，也意味着交际是交际伙伴的相互沟通分享信息的过程。所以，如果在跨文化交际中不会用外语来表达和传播母文化，跨文化交际就成了单向的文化流动，就不能成为真正意义上的"跨文化交际"。交际的双方只有互通有无，才能使交际顺利进行。在克拉姆契看来，外语教学应当是学习者与目的语母语者之间的平等对话。通过对话，学习者可以发现其在说话和思维方式上与异文化的相同点和差异。在这种情况下，外语学习者才能以他们自己本来的身份，而不是以有着这样那样缺陷的目的语使用者身份来使用所学的外语。

对于英语专业学生，跨文化交际能力的重要表现是能在中国文化与英语文化之间起到桥梁的作用，学会用英语表达自己的观点，包括向英语文化成员传播中国文化。在交际的过程中，要充分达到"共同分享""相互沟通"，要达到这一目的，其重要前提是深入全面了解和理解中国文化和英语文化。由北京大学乐黛云主编的《跨文化沟通个案研究丛书》共15册，详细记录了包括冯至、傅雷、梁实秋、林语堂、钱钟书、朱光潜等著名学者的跨文化人格成长之路，探讨了他们如何在继承中国传统文化的基础上，吸收西方文化。他们如何养成贯通中西的学养，既崇尚中国文化，又谙熟西方文化，亦中亦西，并且在中西文化之间成功架起桥梁。这些学者是英语专业学生培养跨文化能力的楷模。

胡文仲和高一虹将具有扬弃贯通能力、学贯中西作为具有跨文化能力的标志之一，而"贯"即连接、贯通，而不是放弃。因此，具有跨文化能力的一个较高的境界就是融通中外文化，是能在吸收异文化精华的基础上弘扬中国文化，能把中外文化融入自身人格的养成中，在跨文化交际合作中，知己知彼，具有深而广的文化修养和博大的胸襟。

　　因此，在英语教学中，不但应当只重视用英语来叙述英语国家的文化、社会、政治和经济现象，同时也要培养学生用英语向英语国家成员阐述中国文化渊源、价值观、思维方式、行为方式、社会现象等的能力，从而提高其跨文化交际能力。英语专业学生不应被培养为崇洋媚外的民族虚无主义者，也不应是因循守旧的狭隘民族主义者，而是应当被培养成文化使者，培养他们在吸收异文化精髓的同时，也能弘扬中国文化。在跨文化交际与合作中，通过自己的跨文化能力，既让中国了解世界，又让世界了解中国。

（三）培养学生的跨文化行为能力

　　要提高跨文化行为能力，需要具备多种关键能力和个性特征，包括但不限于：适应性强、能够独立思考并承担责任、随机应变能力、跨文化交际能力、合作意识和求同存异的能力，以及文化协同和沟通能力。在英语教学中需关注如下方面对学生的跨文化行为能力进行培养。

　　1. 培养跨文化交际能力和"就交际本身进行沟通的能力"

　　要培养学生的跨文化能力、英语能力至关重要。毋庸置疑，对于大学英语教学来说，培养学生的英语能力和跨文化交际能力是其重要任务。英语学习的最终目的是利用英语进行跨文化交际。在英语教学中，应当不再以培养学生成为 native speaker（母语使用者）为目标，而是培养他们成为具有双重文化人格的 intercultural speaker（跨文化演讲者）。而跨文化交际者有着那些仅掌握一门语言的"母语者"所没有的优势，即他们对自己文化的掌握和在中英文化之间进行跨文化交际和传播的能力。

　　英语专业学生们需要知道的是，学习英语本身并不是最终目的，重要的是利用英语进行跨文化交际。而中国学生在学习英语时，往往非常重视词汇和语法，因为害怕犯错误而不敢交际，这样的做法无异于舍本逐末。

　　以培养跨文化交际能力为导向的理念，是指将英语作为交际工具。在教学过程中，可以采用多种不同的方式，来帮助学生借助英语对不同文化间的差异形成认知和理解，用英语传播中国文化，比较和分析中国和目的语国家的文化，并为跨文化交际做好准备、预测和引导，最终实现让双方都满意的有效跨文化交际。此外，还需要培养学生与英语国家的人构建及保持信任关系的能力，表达个性意见的能力，以及沟通、处理问题和解决冲突的能力。

在前文所叙述的交际的四个层面中，言语交际在跨文化交际中起着核心的作用。跨文化交际也是人际交往，对人的了解与研究也至关重要。不同文化之间的交流和交往大多由个人来承担，这就要求个人要有很强的交际能力，广博的中英语言、文化知识和积极的交往态度，即使在复杂的跨文化交际场合中，也能随机应变、因势利导、掌握主动。英语教学应当向学生传授跨文化交际策略，如：

①吸引对方与自己交际、寻找共同话题。

②营造宽松的交流氛围，不但善于言语交际，同时善于积极地倾听和交际引导。

③善于观察和分析交际中对方的背景、交际目的、思维方式、行为方式等，并在此基础上调整自己的行为。

④保持跨文化敏感，善于捕捉信息传递中的偏差和有可能出现的误解。

除了加强学生的语言表达能力，我们还需重视交际中存在的非言语因素和其他因素，如目光、手势、姿态、时间和空间处理、交际媒介等，使学生了解这些因素在跨文化交际中的表达的含义，并学会灵活处理。

在跨文化合作中，能否适当和顺畅地进行跨文化交际十分关键，因而必须重视"就交际本身进行沟通"的能力（Meta-communication，即"元交际"能力）。这种能力指的是对交际本身进行交际的能力，包括在谈话中谈论交际的形式和内容，以及理解和表达言语和非言语信息。如可以与来对方谈论就以下与交际本身相关的问题。

①"我不知道我这么说是否贴切？"

②"希望我刚才说的没有冒犯到您。"

③"我刚才表达得不够确切，请让我换个方式再说一次：……"

④"您刚才所讲的意思是否是……"

就交际本身进行沟通的能力也包括与交际伙伴事先约定交际规则：如约定每次会谈的主要内容用文字的形式记录下来；在讨论过程中对事不对人；在对方未说完之前不要打断他等。通过对交际进行沟通，可以提高交际的效率，避免误解的产生，保障交际的成效。因此，应鼓励学生有意识地将英语作为工具，将交际本身作为交际的内容，主动避免跨文化交际过程中有可能出现的误解、障碍甚至冲突，有意识地疏通跨文化交际的渠道，提高交际的效用，促进和改善跨文化交际。

　　在培养英语专业学生的跨文化交际能力以及就交际本身进行沟通的能力的过程中，教师应当在英语教学的课堂中设计不同的交际场景，以提高和培养学生的跨文化交际能力。应当将以教师为中心、以知识传授为中心的教学形式发展为以学生为中心、以交际为中心的教学互动形式。

　　2. 培养英语专业学生在求同的基础上存异的能力

　　各个国家、民族和地区的文化都具有独特性和差异性，但是也有着很多相同和相通之处。因此，找到这些相同和相通之处也是实现成功跨文化合作的重要前提。"求同存异"就是跨文化合作的一种有效策略和方法。在全球化的今天，求同的策略也是全球化发展的需要。人类面对着很多共同的问题，需要在"同"的基础上去共同解决。同时，"求同"符合中国文化的核心价值观，中国人的大同世界观不仅认为天下一家，且视天地万物为一体。在跨文化交际与合作过程中"求同"，符合中国文化中的"世界大同"的价值观，是创建和谐的跨文化关系的重要途径。

　　在跨文化交际与合作过程中，人们会遇到比在单一文化中要复杂得多的问题。尤其在跨文化交际的双方对彼此还缺乏了解和信任的情况下，"求同存异"可以帮助人们克服陌生感，克服对陌生文化的生疏甚至恐惧，寻找自己所熟悉的东西，增强与来自异文化的合作伙伴进一步交流的勇气，增强对跨文化交际与合作的信心，并将跨文化合作进行下去。在"求同"的基础之上，即使看到文化差异的存在，也不会气馁，不会踟蹰不前。因此，"求同存异"可以使人们的跨文化行为由被动变为主动，是处理纷繁复杂的跨文化交际问题、解决各种矛盾卓有成效的策略。

　　培养学生求同存异的能力还包括引导学生认识到，文化差异并不会自动导致文化冲突。如贾文键所指出，不能将跨文化交际过程中出现的所有问题都归咎于文化差异，要看到文化之间的共同点和相似点，以便找到跨文化沟通的基础。需要强调的是，"求同"不代表将不同文化之间的差异全部否认或者视而不见，又或是刻意回避。同时，"求同"也不代表着放弃自身文化，盲目地寻求与异文化的一致。不同的文化之间既有"性相近"，又有"习相远"，它们是同一事物的不同方面，构成整体。"异""同"之间是相互关联和变化的关系，求同存异，是对"非此即彼"的二元论的批判，承认"同"与"异"同样存在，并且同中有异，异中有同。

3.培养学生的跨文化团队协作能力

在英语专业学生跨文化能力培养过程中，要引导学生观察和发现异文化和中国文化的差异、产生这些差异的原因以及处理这些差异的策略、方法与途径。

跨文化交际研究学科的一个重要原则是尊重不同的文化平等。在坚持这一原则的同时，学生们也应当看到，与此同时存在的情况是，地位和角色的不同也会影响跨文化交际。

就像很多专家所提到的，跨文化交流和合作中的文化差异也可以带来积极的影响。文化的影响和融合可以为文化注入新的活力。文化差异的存在为母文化的完善和发展带来了机会。从其他文化中借鉴优秀的且和母文化相契合的部分，有助于母文化的创新发展。因此，文化差异并不应被视为令人恐惧的事情。实际上，纵观中国文化的发展历程，可以发现其中很多求同存异的事例，甚至，其本身就是求同存异的产物，证明了母文化能够通过融合异文化发展自身。所以，我们需要教育学生在跨文化团队中学习他人，挖掘中国文化和其他文化的差异，并将之创造性地进行利用，从而创造出一种"第三种文化"，使得不同的文化能够相互融合，并产生文化协同效应。

学生们不仅要学习如何才能尽量减少与英语国家成员在跨文化交际中的误会、避免冲突，而且应变被动为主动，积极寻找不同文化之间的共同点，以此作为跨文化合作的重要基础，同时尊重各种文化的独特性和多样性，尊重不同的价值观、思维观和行为方式，积极、自如地处理文化差异，并利用这些文化差异，寻求跨文化协同效应。因为我们在跨文化交际中，不需要追求以文化之间的"同"压倒"异"，"求同"与"存异"可以协调存在。

（四）培养学生的跨文化自主学习能力

张红玲认为，自主学习能力应该包括行为（学习者参与管理自己的学习，对学习进行规划、监督和评价）、心理（学习者对自己的学习有较强的意识，善于反思）、情感层面（学习者对学习充满好奇心和自信，具有较强的学习动力）、方法（学习者掌握了多种适合自己的学习方法，并能根据需要灵活应用，同时愿意探索新方法）和应用（学习者有能力将所学知识和技能加以应用）五个层面。她认为，应当将这五个层面作为外语教学的重点之一。

　　上文所提到的心理层面的自主学习能力也可以被看作乐于学习的态度，这种态度受学习动机影响。英语专业跨文化学习的内部动机包括：对目的语文化的向往，对目的语文化成员价值观、生活方式等的浓厚兴趣；希望学习一些新奇的、与众不同的东西；希望系统地、科学地研究目的语文化与母文化的异同；希望通过对目的语和目的语文化的学习拓宽自己的视野，更好地促进自我实现等。英语专业跨文化学习的外部动因包括：提高自己的职场竞争力，希望到跨国企业工作，希望更好地与目的语文化成员相处，与其进行有效、成功的跨文化交际与合作等。在对英语专业学生的跨文化教育与教学中，应当激发学生主动发现和意识到他们的跨文化学习动机，并增强和丰富这些动机。

　　在跨文化能力培养过程中，乐于学习的态度和善于学习的能力也包括：能自主地对跨文化学习作出系统的计划、实施计划，并对学习的过程和结果进行检验，也包括寻找出适合自己的学习策略与方法。具体可以包括：

　　①定期对自己的跨文化能力发展作出自我评估，并请他人对自己的跨文化能力进行评估。

　　②针对上述跨文化能力评估结果，作出进一步提高跨文化能力的计划并实施。

　　③具有为自己寻找和营造跨文化交际场景的能力。

　　④具有关系构建和维护能力，能在自己的学习、生活和工作中寻找合适的跨文化交际伙伴，并与之建立长期的友好关系，以便在实践中不断地进行跨文化学习。

　　⑤能对各种跨文化交际策略进行尝试和总结分析，探索出适合自己，同时又适应各种交际伙伴和交际场景的策略。

　　跨文化自主学习能力还包括媒体应用能力。多媒体和互联网的发展为跨文化学习能力的培养带来很多新机遇和可能性，传统的英语教学方式受到挑战，学生课外自主学习与课堂教学的时间必将大大提高。在这样的背景下，学生根据自己的计划和设计来自主学习就显得尤为重要。

　　培养跨文化自主学习能力也包括学生自己对学习的材料、内容进行收集和总结，如格言与谚语的收集就能很好地促进英语专业学生的跨文化学习乐趣，同时在这种收集的过程中，学生可以培养自己对英语和跨文化学习的管理能力和自主学习能力。格言与谚语是文化的积淀和生动反映，每一种文化、每一个民族都有自己特有的格言和谚语，它们生动地"描述"和传达文化深层次的价值观、思维方式、社会关系、时间观、空间观等。通过学习和分析格言谚语，可以更深入地了解和理解目的语文化。同时，格言与谚语语言往往精练优美，可以提高学生对英语学习的兴趣，对格言与谚语的灵活应用又可以提高学生的英语表达能力，从而提高其跨文化交际能力。

参考文献

[1] 齐真珍. 当代商务英语语言与翻译多维视角新探 [M]. 长春：吉林大学出版社，2023.

[2] 高原，史宝辉. 现代外语教学与研究 [M]. 北京：中国人民大学出版社，2023.

[3] 董晓波. 新时代商务英语翻译 [M]. 北京：北京对外经济贸易大学出版社有限责任公司，2022.

[4] 伍澄，张学仕. 传播学视角下的英语翻译策略探究 [M]. 吉林：吉林大学出版社有限责任公司，2022.

[5] 赵红卫. 大学英语教学模式与跨文化翻译研究 [M]. 延吉：延边大学出版社，2022.

[6] 任淑平，何晓月. 工程英语翻译理论与实践研究 [M]. 沈阳：东北大学出版社，2022.

[7] 刘惠玲，赵山，赵翙华. 跨文化英语翻译的理论与实践应用研究 [M]. 延吉：延边大学出版社，2022.

[8] 涂晓韦. 英语翻译和混合式教学理论与实践研究 [M]. 延吉：延边大学出版社有限责任公司，2022.

[9] 白玲玲. 大学英语翻译教学与实践应用. 延吉：延边大学出版社有限责任公司，2022.

[10] 熊磊. 英语翻译的原理与实践应用研究 [M]. 长春：吉林出版集团股份有限公司，2022.

[11] 谭光裕，陆丹云. 探析新时期英语翻译的理论创新与应用——评《新时期英语翻译理论与实践的多维度研究》[J]. 中国高校科技，2023（4）：108.

[12] 刘贞贞.应用语言学视角下的茶文化英语翻译探讨 [J].福建茶叶，2023，45（4）：126-128.

[13] 彭文婷.跨文化背景下高校英语翻译教学的策略研究 [J].湖北开放职业学院学报，2023，36（6）：183-185.

[14] 任俊红."互联网＋"时代大学英语翻译教学创新研究 [J].食品研究与开发，2023，44（6）：239.

[15] 蔚艳梅.英语翻译中跨文化视角转换及翻译技巧分析 [J].鄂州大学学报，2023，30（2）：35-37.

[16] 王俊.网络环境下高校英语翻译教学模式构建思路探索 [J].海外英语，2023（4）：105-107.

[17] 成新亮，郝丽洁.基于情境认知理论的高校英语翻译教学研究 [J].海外英语，2023（4）：94-96.

[18] 肖玲，祝爱华.高校英语翻译教学优化策略研究 [J].湖北开放职业学院学报，2023，36（3）：188-189，192.

[19] 袁文娟.大学英语翻译教学策略研究 [J].英语广场，2023（02）：104-107.

[20] 沈琼芳.基于建构主义学习理论的大学英语翻译教学模式探索与实践 [J].英语广场，2023（2）：108-112.

[21] 孙晓东.基于机器翻译的英语语法错误自动检测与纠正问题研究 [D].济南：山东建筑大学，2022.

[22] 吕虹瑶.基于内容教学法的工程英语翻译教学研究 [D].重庆：重庆交通大学，2022.

[23] 陈紫薇.文化语言学视阈下图式理论在高中英语翻译教学中的应用研究 [D].喀什：喀什大学，2022.

[24] 叶静文.英语翻译课堂教师话语及其教学设计研究 [D].南京：南京邮电大学，2021.

[25] 李昊.足球英语的微课建设研究 [D].济南：山东体育学院，2021.

[26] 张子恒.英语面授教学中使用语音翻译文本对学习表现的影响研究 [D].南京：南京师范大学，2021.

[27] 孙冰 . 基于错误分析理论的翻译教学模式在非英语专业汉英翻译教学中的应用研究 [D]. 兰州：兰州交通大学，2021.

[28] 冯聪 . 基于中英电影语料库比较的英语电影翻译研究 [D]. 上海：华东师范大学，2020.

[29] 李永丽 . 动态评估在大学英语翻译教学中的应用研究 [D]. 大连：大连理工大学，2020.

[30] 曹茹玉 . 交际翻译理论视角下科技英语翻译实践报告 [D]. 北京：北京邮电大学，2020.